ゼロから始める！ マンガ株入門

著者：竹内弘樹　マンガ：へちま／サイドランチ

わあ…
あそこが兜街《ビートルタウン》かあ
まもなく終点 ビートルタウン ビートルタウン
降りる準備しなきゃ
ビートルタウン
人口の約９割が投資家という大投資都市。
街の中心地には商業施設などが入った高層タワーがあり、タワーの上層階は投資で成功した高額納税者のみが住むことができる居住区になっている。

出発
Departu
出发 출발
ふう
…この30万円で
いよいよ私も投資家デビューか
待っててね村のみんな…!
そこの君!

私ですか？
そうそう！君も投資をやりにこの街に来たのかい？
…！そうなんです
私どうしてもお金が必要で…
この街には投資に専念できる設備があるって聞いて
それはそれは
君すごいツイてるね！
じつはこれから確実に上がるって言われている会社の株があるんだよ！
君も一緒に出資しないかい？10倍100倍…
いや1万倍以上になる可能性も十分ある
1万倍!?

10万円×1万なら10億円…
どーん
いきなりこんな情報ゲットできるなんて
私ってツイてるかもー!?
はわー
そして今ならその株が1株30万円
どうする!?めったにないチャンスだよ
30万円かぁ……
当面の生活費を考えると一気に全部使うのは…
でももしこのチャンスを逃したら後悔するかも…
1株30万円ねぇ

ずいぶんおいしい話じゃない
私にも聞かせてよ
ほらほら聞かせてってば♡
ひっ
ずい
ずい
なっなんでもありませーん!
だーっ
フン
ビクッ
大丈夫だった?
あいつあんたのこと騙そうとしてたんだよ
ガーン!!
えええええ!?

じゃ じゃあ 1万倍は 嘘なんですか!?
うえーん
そんな おいしい話 あるわけ ないじゃん
もしかして この街に 来たばっかり とか？
そうなんです 街についたとたん さっきの人に 話しかけられて…
それは災難 だったね
私はアイリス よろしく
ミサキです！
…あ さっきは ありがとう ございました！

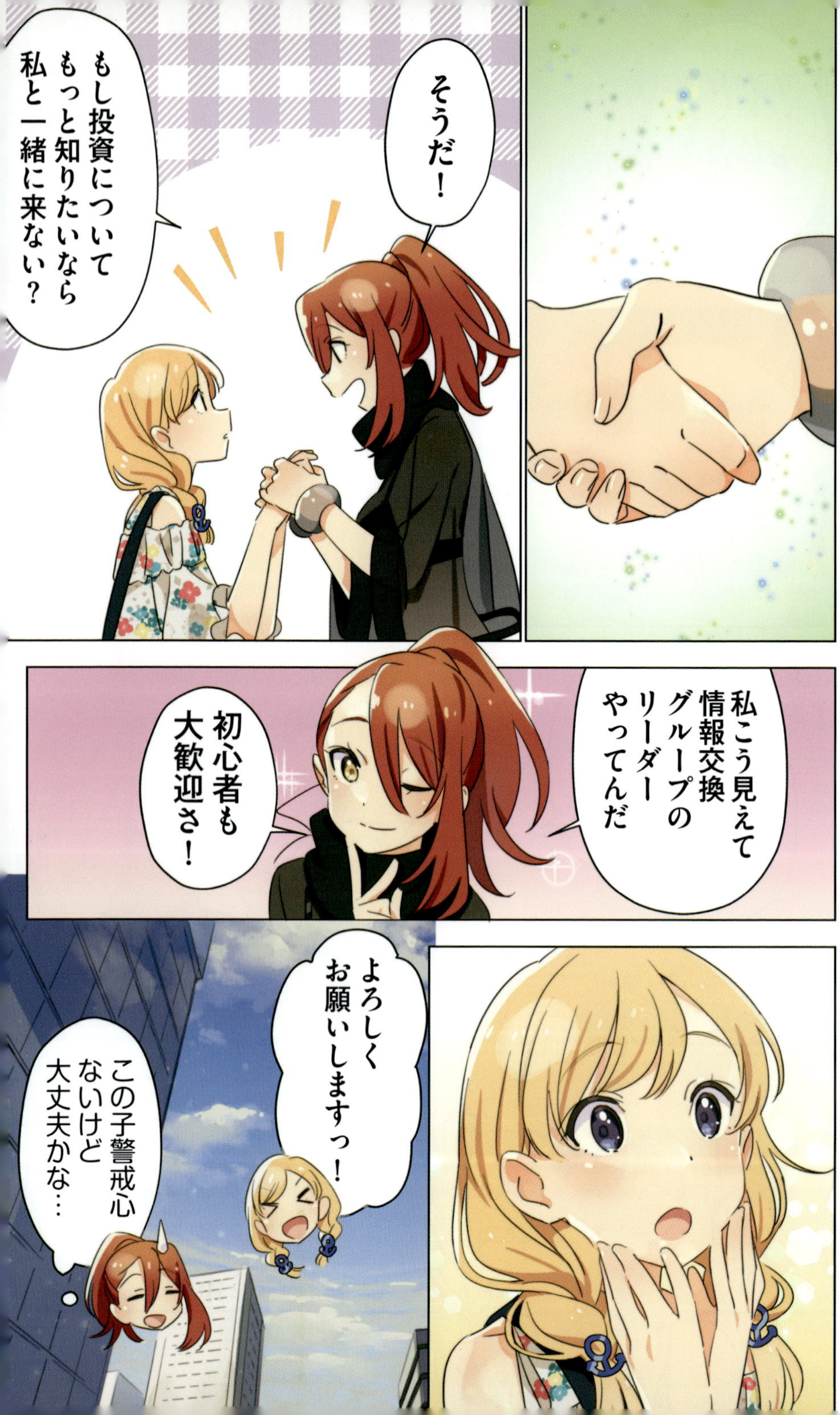
そうだ！
もし投資についてもっと知りたいなら私と一緒に来ない？
私こう見えて情報交換グループのリーダーやってんだ
初心者も大歓迎さ！
よろしくお願いしますっ！
この子警戒心ないけど大丈夫かな…

登場人物紹介

アイリス
IRIS

投資で成功することを目標に結成した情報交換グループ「イエローポピー」を仕切っている。少々勝気な性格だが、面倒見がよく、困っている人を見過ごせない。

ミサキ
MISAKI

田舎の漁村出身の少女。巨大な台風によって被害を受けた村を救うため、村を飛び出してきた。投資でお金を増やすため、大投資都市「兜《ビートル》街《タウン》」を訪れる。

プラム
PLUM

アイリスと一緒に活動している少女。人見知りだが、アイリスに強引に誘われてグループに参加。デジタル機器に詳しく、データ分析やゲームが得意。

カトレア
CATTLEYA

アイリスと一緒に活動している女性。気配りが上手く、包容力のある心優しい性格。田舎から出てきたばかりのミサキともすぐに打ち解ける。株主優待マニア。

はじめに

年金や将来への不安が叫ばれる現代、投資をはじめようという人が増えています。

政府もインフレにかじ取りをしており、貯蓄だけでなく、自助努力での資産形成が求められる時代となってきました。とくに近年、ＮＩＳＡ（ニーサ）やｉＤｅＣｏ（イデコ）といった投資の利益を非課税にする制度も実施され、これから投資をはじめる人を後押ししていくような風潮になっています。

その一方で、きちんと投資のやり方について教えてくれる人がいないのも現状です。まともな投資情報を学びたいと思っても、その機会に出合うのがむずかしいのです。

日本では資産運用を体系的に学べる機会がないため、正しいかどうかは別として、初心者は最初に出合った情報に投資スタイルがどうしても惑わされてしまいがちです。ツイッターやフェイスブックのようなＳＮＳを見ていると、有名人が推奨している銘柄に乗っかっているだけの、いわゆる〝イナゴ投資家〟が増えていて、自分の頭で考えていない投資が蔓延しています。投資の基礎が浸透しておらず、これはまずいなと思う場面にもたびたび出くわします。

私もみなさまと同様、はじめは初心者で、株式投資を体系的に学ぶ場もなく、試行錯誤しながら独学で学んできました。そして、投資の基礎を身につけてそれを実践していくことで、徐々に利益を出せるようになりました。

今年で株式投資をはじめて13年になります。おかげさまで資産は順調に増え、累計で2億円以上の利益が出ています。この数字だけ見ると、かなりのインパクトがありますが、じっくり時間をかけて利益を積み上げていけば、けっしてむずかしいことではありません。

「株で儲けている」と聞くと、なにか特殊な能力を持っていたり、特別な情報を得ていたりと思われがちですが、私の場合、ごく当たり前なやり方をコツコツと実践しているだけです。本書ではこの方法について、マンガを交えてわかりやすく解説しています。

とくに次の4つに当てはまる方には読んでいただきたい内容です。

- **投資にはギャンブルのイメージが強く、怖くてはじめられない**
- **投資に興味はあるが、まとまったお金がない**
- **やり方が複雑そうだし、覚えることも多そうで、もともと投資オンチな私には向かない**
- **パソコンに張りついて取引に割くような時間がとれない**

私が本書を出版させていただくのは、初心者でも株で成功できることを知ってほしいからです。みなさまには最後までご覧いただき、本書にあるやり方を実践していただくことで、本書がみなさまの資産を確実に殖やす一助になれば幸いです。

著　者

CONTENTS

4th クエスト

LAST クエスト

※投資は、あくまでもご自身の判断で行ってください。本書掲載の情報にしたがったことによる損害については、いかなる場合も著者および発行元は責任を負いません。

編集　サイドランチ
デザイン　シーツ・デザイン
DTP　D-TransPort
イラスト　狸田にそ
校正　鴎来堂

1st
クエスト

これくらい知つとかなきゃ！

ここは？
わあっ
投資家の人たちが情報収集する集会場みたいなところかな
SNSとかで事足りるかもしれないけど
やっぱり実際に会って話したいときもあるだろ
なるほど…
ようアイリス！調子はどう？
ぼちぼちよー
おーい！アイリスちゃーん

ここにいたんだ
カトレア！
プラム！
待ってましたよ
悪いね
ちょっとこの子が
トラブルに
巻き込まれてて…
トラブル？
…という
わけなんだ
なんだか
すみません…
アイリス
ちゃんって
困っている人を
見つけると
助けずには
いられない
のよね～
うるさいな
私はカトレア！
よろしくね
よろしく
お願いします！

この子はプラムちゃんデータ分析が専門でこう見えてスゴ腕なのよ
どうも…
これでも食べて元気出してください
スルメー
ありがとうございます…？
もっ もっ
はっ！
そうだ！みなさん！
ばっ
あの…私に株のノウハウを教えてもらえないでしょうか!!
あははそんなに力まなくてもそのつもりで連れてきたんだけど？
はわわ…
でもそんなに必死になるなんて
何かお金が必要な理由でもあるの？
それは…

私が育ったのは田舎の小さな漁村なんですけど
数年前に巨大台風が村を直撃してたくさんの漁師さんが廃業してしまったんです
今は少しずつ復興してきていますが元通りになるためにはまだまだ時間もお金も必要で…
それで 株ならお金を殖やせると思ったんです
…
それを言ったらみんな大変なのに私にカンパしてくれて
だから私なんとしても成功しなくちゃいけないんです！
もーっ！ミサキちんってば健気…！
お金を騙し取られなくて本当によかったですね
私たちもね
理由はバラバラだけど株をやっててね情報交換するためにチームを組んでいるんだ

ミサキに出会えたのも何かの縁だし入れてあげる
本当ですか！
ありがとうございます‼
わっ
というこ とはまるっきり初心者ってことよね
そもそも株って何なのか知ってる？
えっと…
会社が発行しているお金…みたいな？
○×社
投資家の人たちは株を買ったり売ったりして儲けているんですよね
すっごいアバウトな理解ですね
でも大きくは間違っていないかな
株を買うっていうのは会社に出資して一部の権利を得ることなんだよ

そして株で利益を得る方法は大きく3つ
1つ目は値上がり益
株が安いときに買って高くなったら売って利益を得るんだ
ざっくりいうとミサキがこのスルメを300円で買ったとする
¥300
はい
その後 値上がりして500円になったときにスルメを売ると
500
200
300
買
売
500−300で200円が利益になる
ふむふむ!
2つ目は配当!
これは会社が株主に儲けを還元することよ
メモ
メモ
私がスルメを作るメーカーね
ミサキちゃんはその株を買います
事業開発
利益
メーカー
配当
投資
私はミサキちゃんのお金でもっとおいしいスルメを開発すれば
もっとスルメが売れて利益が出るよね
はい

その利益の一部を ありがとーってことで 株主であるミサキちんに あげます！
これが配当！ 会社の決算期に もらえるよ
おおー
※ただし、すべての会社で配当が出るわけではない。業績のよしあしにも左右される
3つ目は株主優待
一定数以上の株を持っている株主に対して 優待券や金券 自社商品などの お礼をくれる制度です
私がスルメのメーカーで ミサキが投資家だとします
私はミサキに 株を買ってほしいので
100株以上 買ってくれたら 優待券をあげますよー と宣伝します
ミサキは それはお得だ ということで 株を買っていれば
年に1～2回 優待券を 受け取れるのです
あ ありがとう ございます
※ただし、すべての会社で優待券が出るわけではない
これが 株主優待です
ほー
なるほどー

ところで何で株って毎日値段が変わるんですか？
毎日どころか秒単位で変わってるよ
え!!
理屈は野菜や魚と同じさ需要と供給で株価が決まるんだ
好業績が予想される会社はさっき説明した配当が出たり値上がり益の差額が大きくなりやすいから
需要が高まって株価が上がる
ミサキがここの株を買うと儲かりそうだ！って気づいたとするよね
でもミサキが気づくってことは
たいていほかの投資家もその株に目を付けている
A社
株価っていうのはさっきも言ったけど生鮮食品とかと一緒で需要が増えれば増えるほど価格が上がるから…
株価は…上がる
そういうこと！

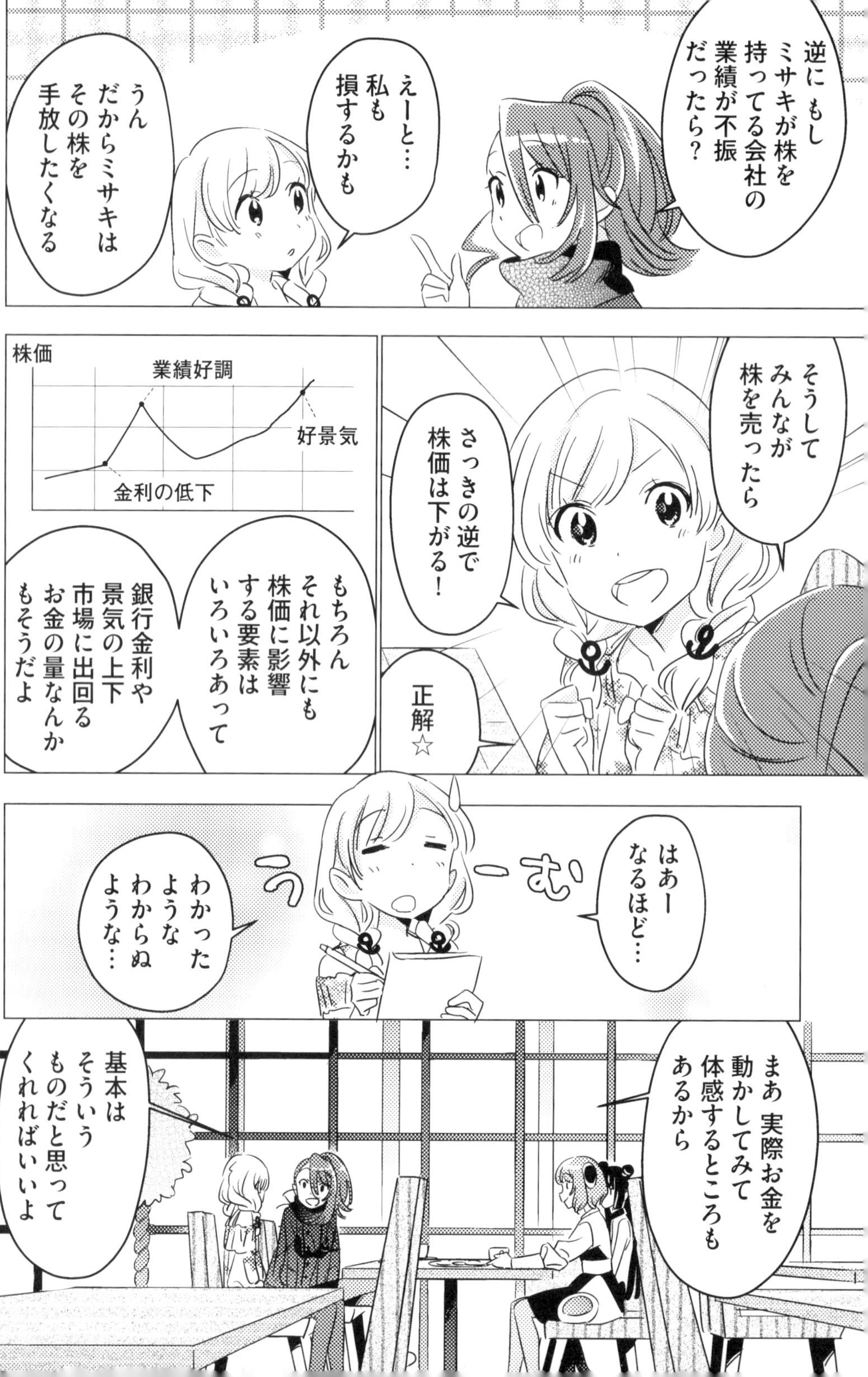
逆にもし
ミサキが株を
持ってる会社の
業績が不振
だったら？
えーと…
私も
損するかも
うん
だからミサキは
その株を
手放したくなる
そうして
みんなが
株を売ったら
さっきの逆で
株価は下がる！
正解☆
株価
業績好調
好景気
金利の低下
もちろん
それ以外にも
株価に影響
する要素は
いろいろあって
銀行金利や
景気の上下
市場に出回る
お金の量なんか
もそうだよ
はあー
なるほど…
うーむ
わかった
ような
わからぬ
ような…
まあ 実際お金を
動かしてみて
体感するところも
あるから
基本は
そういう
ものだと思って
くれればいいよ

それで 資金はどれぐらいあるの
ごそごそ
えっと
これが今持ってるお金なんですけど…
生活費とかもあるから 使えるのは20万円くらいかな
う〜ん
それだけあれば十分!
20万円もあれば上場企業の6割の株は買えるよ
ちなみに基本的に株は100株単位でしか買えないんだ
100株…
?
えー!? じゃあさっきの人が言ってた1株30万円って!
そう
それだけで嘘だってバレバレだったわけ
ガーン
とんだペテン師ね!
よし! じゃああとは株でどうやって儲けるかだ

投資には「短期投資」と「長期投資」という投資スタイルがあってそれぞれ特徴があるんだ
はいはい！まずは「短期投資」ね！
はーい
1日から数日の間に何度も株を売買して利益を得ていくの
瞬時の判断力やスピードが重要よ！
日中はつねにパソコンに張りついていることも必要ね
株をずっと持っていることもないから
配当
10000
壱万円
優得
¥1000
JBB GIFT
配当や株主優待を考慮しないことが多いかな

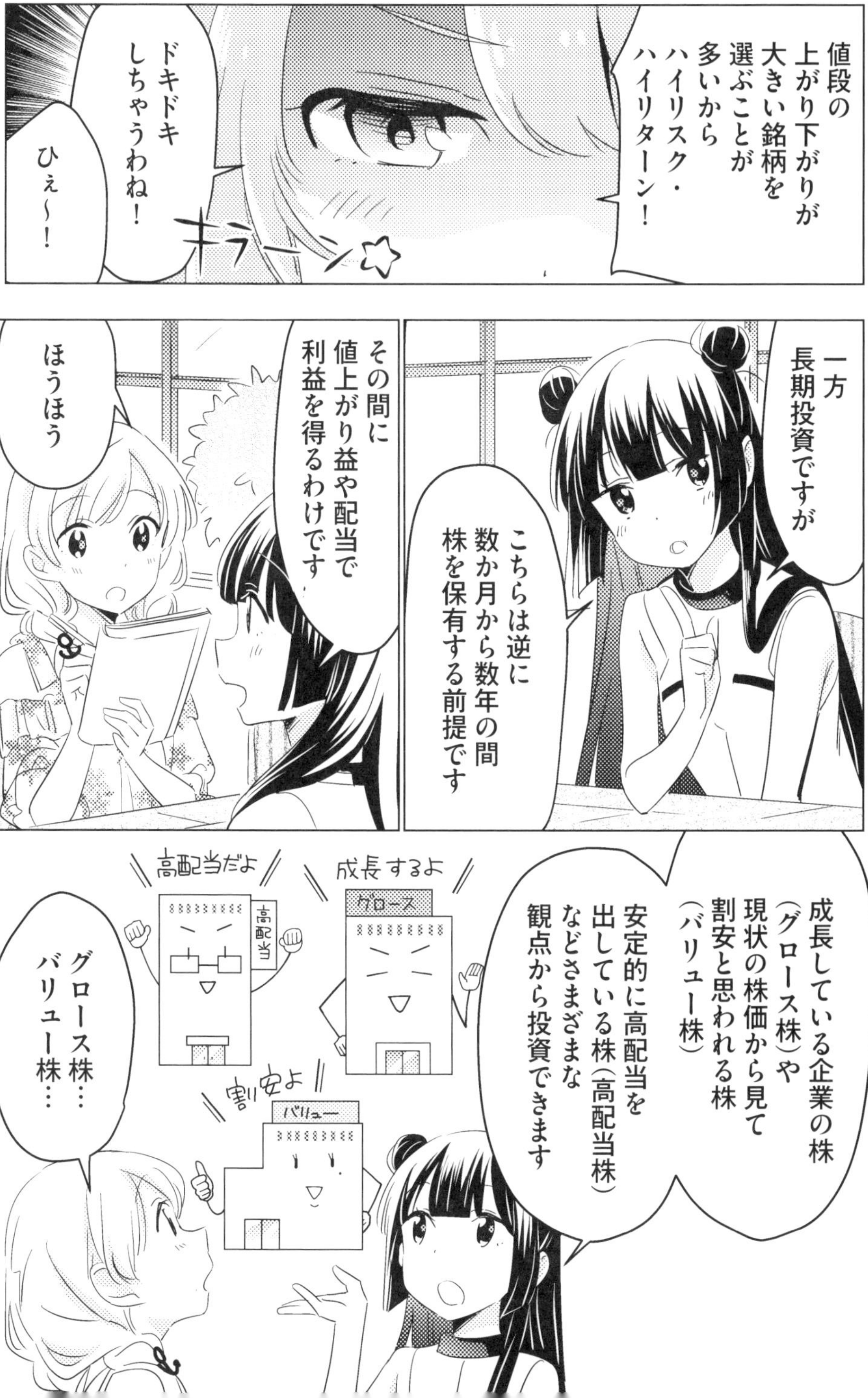
値段の上がり下がりが大きい銘柄を選ぶことが多いからハイリスク・ハイリターン！
キラーン
ドキドキしちゃうわね！
ひぇ～！
一方長期投資ですが
こちらは逆に数か月から数年の間株を保有する前提です
その間に値上がり益や配当で利益を得るわけです
ほうほう
成長している企業の株（グロース株）や現状の株価から見て割安と思われる株（バリュー株）
安定的に高配当を出している株（高配当株）などさまざまな観点から投資できます
高配当だよ
高配当
成長するよ
グロース
割安よ
バリュー
グロース株…バリュー株…

長い目で見て利益が出ればいいので数時間や数日の細かい株価の変動は気にしません
つまり相場に張りつく必要がないってことですね
働きながらでも十分できます
ふむふむ！
ふーっ！みなさんありがとうございます！
説明を聞いて思ったんですけど私 短期投資は自信ないかも…って

ずっとパソコンとにらめっこするのはちょっと
それにやっぱり損するリスクはできるだけ低くしたいです
ミサキの言う通り初心者のうちは長期投資のほうがいいよ
利益が増えるのに時間はかかるけど株を買った会社の状況は時どき 見るだけでいいからね
チャートを読み込む必要も少ないのでやりやすいです
長期投資ならアルバイトとかもできるしねー
決まりですね
はい！
いよいよ私の投資家ライフのはじまりだ…！

株の魅力はココにある

預金よりもずっと大きな利益を得られる

株式投資最大の魅力は、なんといっても「値上がり益」です。**２０１８年現在の銀行預金の利率は非常に低く、株に投資したほうが、ずっと高いリターンが期待できます**。

たとえば２０１７年で見ると、東証株価指数は20%近く上がっています。ということは、平均的な運用でこれくらいのリターンが出せるのです。

また、ネット取引が普及したことも株式投資に追い風でした。それまでは、株の売買にかかる手数料が非常に高く、さらに電話で注文するなど、一般の人にとって、株式投資はハードルが高いものでした。

ところが今では、手数料が１００円以下（10万円までの取引に対して）という証券会社もめずらしくありません。その結果、株式投資は誰でもかんたんにはじめられる、身近なものへと変わっています。

配当や優待も手に入る

銀行預金は元本が守られる代わりに、低い利率の利息しか手に入りません。一方、株の場合は値上がり益に加えて、**配当や株主優待が手に入ることもあります**。

配当とは会社の利益が出た場合にその一部を株主に還元するというもの。利回りに換算すると、５%を超えるものもあります。また、株主優待は自社製品や商品券などさまざまあります。ちなみに優待は約１４００社が実施しています。

魅力は値上がり益だけじゃない!

●預金するより、ずっといい “配当利回り”

配当金の利回りだけでもかなりお得。運用がうまくいけば、これに値上がり益がプラス

定期預金　0.01%

（1 年定期／みずほ銀行 2018 年 11 月現在）

↕

その差はなんと166 倍!

配当利回り　1.66%

（東証一部 2017 年実績 / 日本経済新聞）

高い配当例

- **松井証券　7.54%**
（株価 1114 円、配当 84 円）
- **ミクシィ　4.38%**
（株価 2829 円、配当 124 円）

※配当は増減する可能性があり保証するものではありません

●お得感がハンパない “株主優待”

その 1　自社製品

新製品など。企業にとっては自社サービスを知ってもらうよい機会となる。

その 2　商品券や割引券

株主への感謝。これも自社サービスを知ってもらうよい機会につながる。

その 3　クオカード

最近かなり増えてきている。

その 4　株主限定品

株主だけがもらえる特別な優待。たとえばコマツのオリジナルミニチュアやサッカー観戦チケット、株主限定のお酒など。

株を買うってどういうこと？

株を発行して資金を集める

会社が資金を集めるには「銀行から資金を借りる」方法と「株を発行する」方法が一般的です。

銀行から資金を借りる場合、企業は期日までに利子をつけて資金を銀行に返します。

一方、株を発行する場合、企業は株主にそのお金を返す必要はありませんが、その代わり、さまざまな権利を与えることになります。

たとえば、会社の経営権（オーナー）です。どのくらいその会社の株を持っているかで権利内容は変わります。

もし50％以上持つと、実質的にその会社を支配できます。個人でこれほどの株を買い集めるのはむずかしいでしょう。ただし、少数の株でも配当や株主優待がもらえ、株主総会で発言できるのです。よって、**たとえ100株であろうとも〝会社のオーナーになる〟という意識で会社を選んでください。**

株は証券会社を通して買う

当然ですが、株を買うには株を売ってくれる人を見つけなければなりません。ただし、自ら売り手を探すのはむずかしいので、取引を仲介する場を利用する必要があります。その場が証券取引所です。

さらに**証券取引所に株の注文を出すには、証券会社に口座を作らなければなりません。**この証券口座は銀行口座と同様、無料で作れますし、開設までの手続きは、すべてインターネットでできます。

会社が資金を集める方法

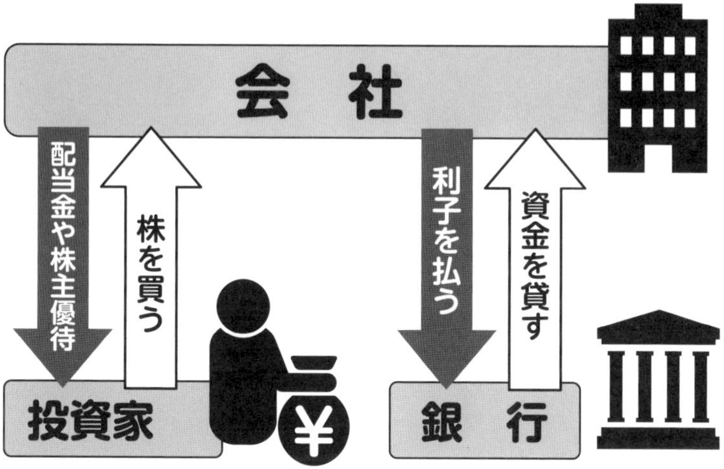

●株主に与えられる権利

①配当や株主優待をもらえる
(もらえないこともある)

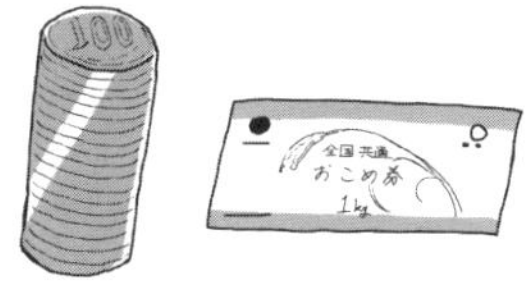

②株主総会に出席できる

③会社の経営に参加できる

④会社が解散したときに
残ったお金をもらえる

うんうん よく まとまってるね！
みなさんのおかげで 私にも株が できるような 気がしてきました！
おお それはよかった
よーし！ さっそく株を 買ってきます！
えっ
ダッ
株くださーい
ざわっ

はいはい
お嬢さん
株はそんな
どこでも買える
もんじゃないよ
まずは取引用の
口座を
作らなきゃ
えっ！
銀行口座なら
あるんですけど
それじゃダメ
なんですか？
説明しましょう
ずいっ
株は
東京証券取引所
(東証)1部 2部
マザーズ
ジャスダックなど
多くの日本株が
上場している
札幌
東京
福岡
名古屋
全国の証券取引所
いろいろな
証券取引所で
取引できます
取引所で売買される
株のことを
上場株といいます

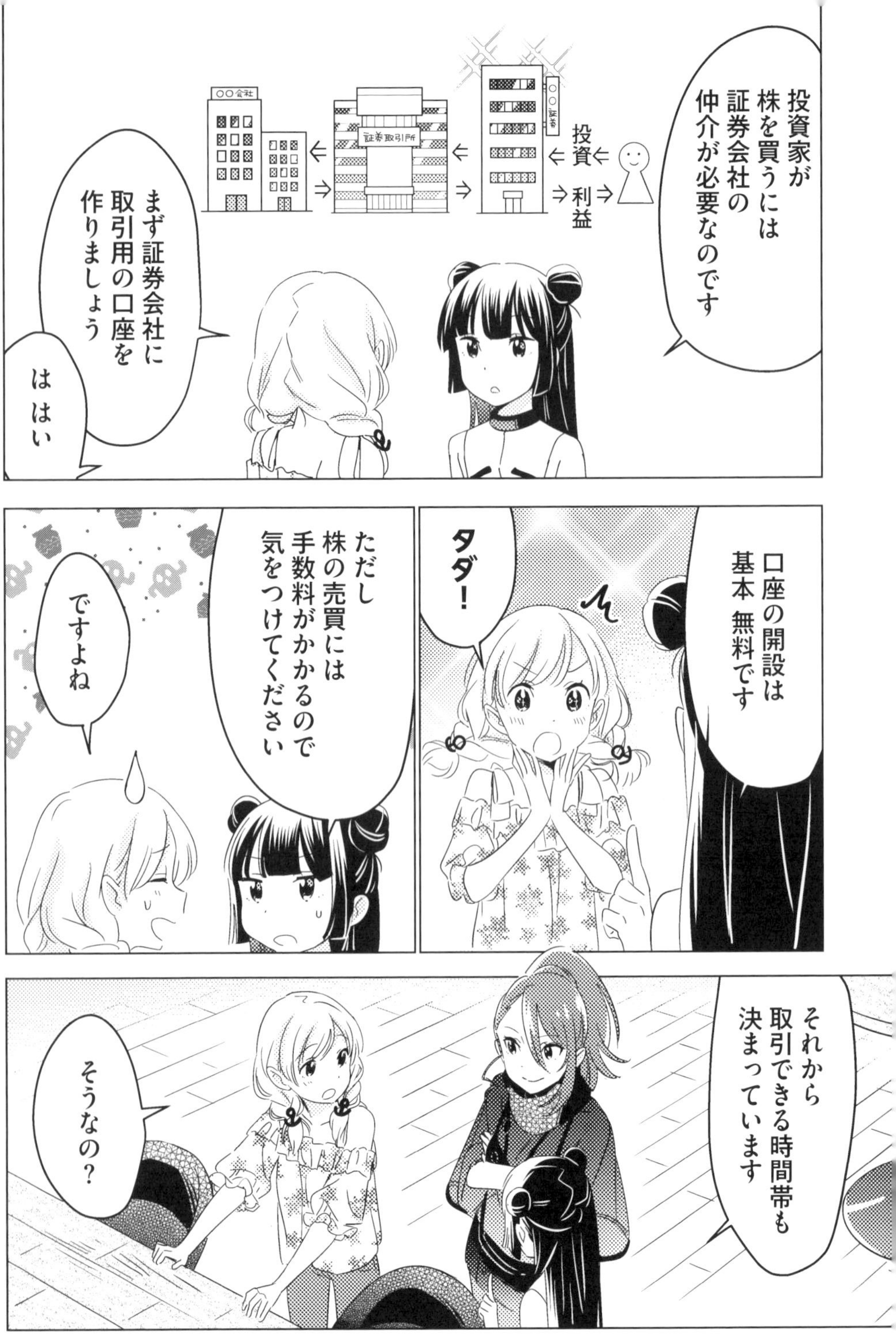
投資家が株を買うには証券会社の仲介が必要なのです
○○証券
投資
利益
証券取引所
○○会社
まず証券会社に取引用の口座を作りましょう
は はい
口座の開設は基本 無料です
タダ!
ただし株の売買には手数料がかかるので気をつけてください
ですよね
それから取引できる時間帯も決まっています
そうなの?

東京証券取引所の場合
平日の9時から
11時30分まで（前場）と
12時30分から15時まで
（後場）です
中休み
前場
9：00
〜
11：30
後場
12：30
〜
15：00
ほうほう
そんな
限られた時間じゃ
都合が悪いという
そこのあなた
ビシッ
ネット証券なら
注文自体は
24時間365日
好きなときに
できます
15時以降の注文は
翌営業日から受理される
（注文方法による）
15時以降
利用して
みてください
誰に向かって
言ってるの？
おーい
さてさて〜♪

取引口座は明日作りましょう！街も案内してあげる
わーい！ありがとうございます
そしたらまずは今日の宿を探さないと…
あっそれなら
これ あげる！
じゃーん！
これって…ホテルの株主優待券?
有効期限が近くなってたんだけどぜんぜん 使う暇がなくって
こっちこっち
はわー
じゃーん！このホテルよ
えーっ！素敵なホテル!!

25日（火）	26日（水）	27日（木）	28日（金）	29日（土）	30日（日）	31日（月）
	権利付き最終日			非営業日		決算日（権利確定日）
	③	②	①			

短期投資と長期投資は別もの

短期投資はリターンもリスクも高い

秒単位で何度も取引して翌日に株を持ちこさない「デイトレード」が短期投資の代表格です。また、数日から数週間で取引を終える「スイングトレード」も有名です。

短期投資では、**株価やチャートを読むテクニカル面にたけていることと瞬時の判断が重要です**。よって、日中はパソコン画面に張りついて、市場の動向を見ていなければなりません。となると、その時間働いている人や手が離せない人には不向きです。

短期投資のメリットは、利益を得られる機会が多いこと、短期間で大金を稼げる可能性があることなどです。一方デメリットに、売買回数が多いので手数料や税金がかさむこと、テクニカルの習得がむずかしいことなどがあげられます。

長期投資は会社の業績に左右される

株価の割安性に投資する「バリュー投資（割安株投資）」、会社の成長性に投資する「グロース投資（成長株投資）」などが長期投資の代表格です。

どちらも**投資したあとは、株価の上昇をじっくり待つスタイル**なので、ふだん忙しいビジネスパーソンや主婦の方に合っています。

長期投資のデメリットは、会社の業績が悪いと株価が下がって損をすることです。リスクを減らすには会社を理解することが重要で、事前にある程度の勉強が必要になります。

短期投資と長期投資のメリット・デメリット

●短期投資（1 日〜数日で売買）

メリット	デメリット
・上手なトレードを積み重ねることで、大きなリターンを狙える。 ・取引時間外に起こったリスクの影響を受けない（アメリカの雇用統計などの指標や地震などの天変地異など）。	・パソコンに張りついている必要があるので、時間的な余裕がないとむずかしい。 ・売買回数が多いので、手数料がかさみやすい。 ・利益が出ても、毎回税金が確定するので、複利が効きにくい。 ・チャート分析など、テクニカル面の強化が必要。

●長期投資（数か月〜数年で売買）

メリット	デメリット
・頻繁に取引しないので、時間的に余裕がある。 ※月 1 回の月次情報（月 1 回）や決算情報（3 か月に 1 回）を追いかければよい。 ・売買回数が少ないので、手数料が少なくすむ。 ・たとえ利益が出ていても、売却していなければ税金を払う必要がない。よって、複利の効果を得られやすい。	・銘柄選びに失敗すると損をする可能性がある。 ・銘柄を分析できるようになるための勉強が必要。 ・取引時間外に起きたリスクの影響を受ける。

初心者には
長期投資が
おすすめだよ

1stクエストのまとめ

1 株の利益には「値上がり益」「配当」「株主優待」がある

- 「値上がり益」とは、株を安いときに買い、高いときに売って、得る利益。
- 「配当」とは、会社が株主に（持っている株数に応じて）儲けを還元すること。
- 「株主優待」とは、株を一定数以上持っている株主に優待券や自社商品などを贈ること。
- 配当や株主優待を受け取るには、会社の決算日の3営業日前までに株主になっておかなければならない。
- 株式会社には、上場しているところ（上場企業）と、していないところ（非上場企業）がある。投資家が売買できるのは上場企業の株。なお、「上場」とは証券取引所において、その銘柄を売買の対象にすること。

2 投資スタイルには「短期投資」と「長期投資」がある

- 「短期投資」は株価やチャートを見ながら、1日～数日の間で株の売買を繰り返す。おもに値上がり益を狙う。
- 「長期投資」は数か月～数年の間、株を保有し、その間の値上がり益や配当などで儲ける。初心者向き。

3 株は証券取引所で取引される

- 株を扱う証券取引所は、東京・名古屋・札幌・福岡にある。
- 東京証券取引所（東証）に大多数の日本株は上場している（とくに東証1部）。
- 投資家は直接、証券取引所と取引できない。「証券会社」を通して取引する。
- 証券取引所では、株の取引は平日の9時から11時30分、12時30分から15時まで行われる（東証の場合）。
- 株の売買の注文はいつでもできる（ネット証券の場合）。

2nd クエスト

さ〜て、いよいよ投資デビュー

ほあー
そうだ私…
ホテルに
泊まったんだ
ぼー…
ってあ!!
バタ
バタ
ええ!
もうこんな
時間なの!?
おーい!
ミサキ～
はーい!

おはよ〜
お目覚めのようですね
おはようございます!
ぐちゃ
どれどれ邪魔するよ…ってうわ!
散らかってますね…
ミサキってもしかして片づけられない系女子?
いやいや!寝坊したんですよー…
かああ
髪やってあげよっか
はわっすみません!
さっさと準備しな!
今日は街に出るよ!

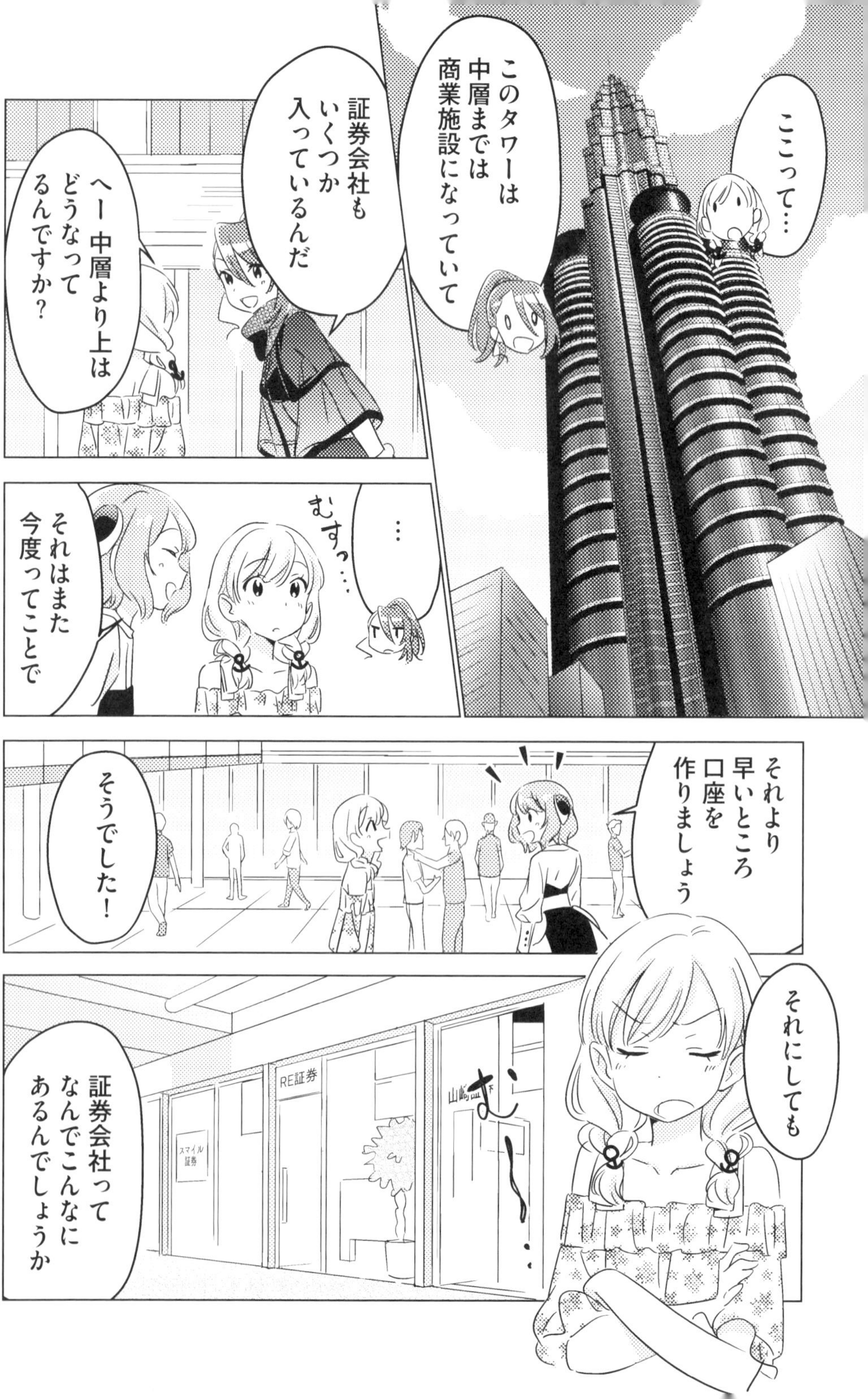

ここって…
このタワーは中層までは商業施設になっていて
証券会社もいくつか入っているんだ
へー中層より上はどうなってるんですか?
…
むすっ…
それはまた今度ってことで
それより早いところ口座を作りましょう
そうでした!
それにしても
RE証券
スマイル証券
むー…
証券会社ってなんでこんなにあるんでしょうか

ふむ ねえミサキ
100円で買った株を150円で売ったらいくら儲かると思う？
そんなの50円に決まってるじゃないですか！
バカにしないで下さいっ
50円じゃないよ
ええっ!?
株の売買って手数料がかかるの 売るときも買うときもね
そして証券会社によって手数料は違う
２つの注文方法
対面証券
もしもし
はいっ
電話（ＦＡＸ）で注文。担当者からアドバイスがもらえる
そのかわり
手数料が高い
おすすめ
ネット証券
こっちが主流！
この株にしようかな
WEB 上の取引画面から注文。アドバイスはもらえない
そのかわり
手数料が安い

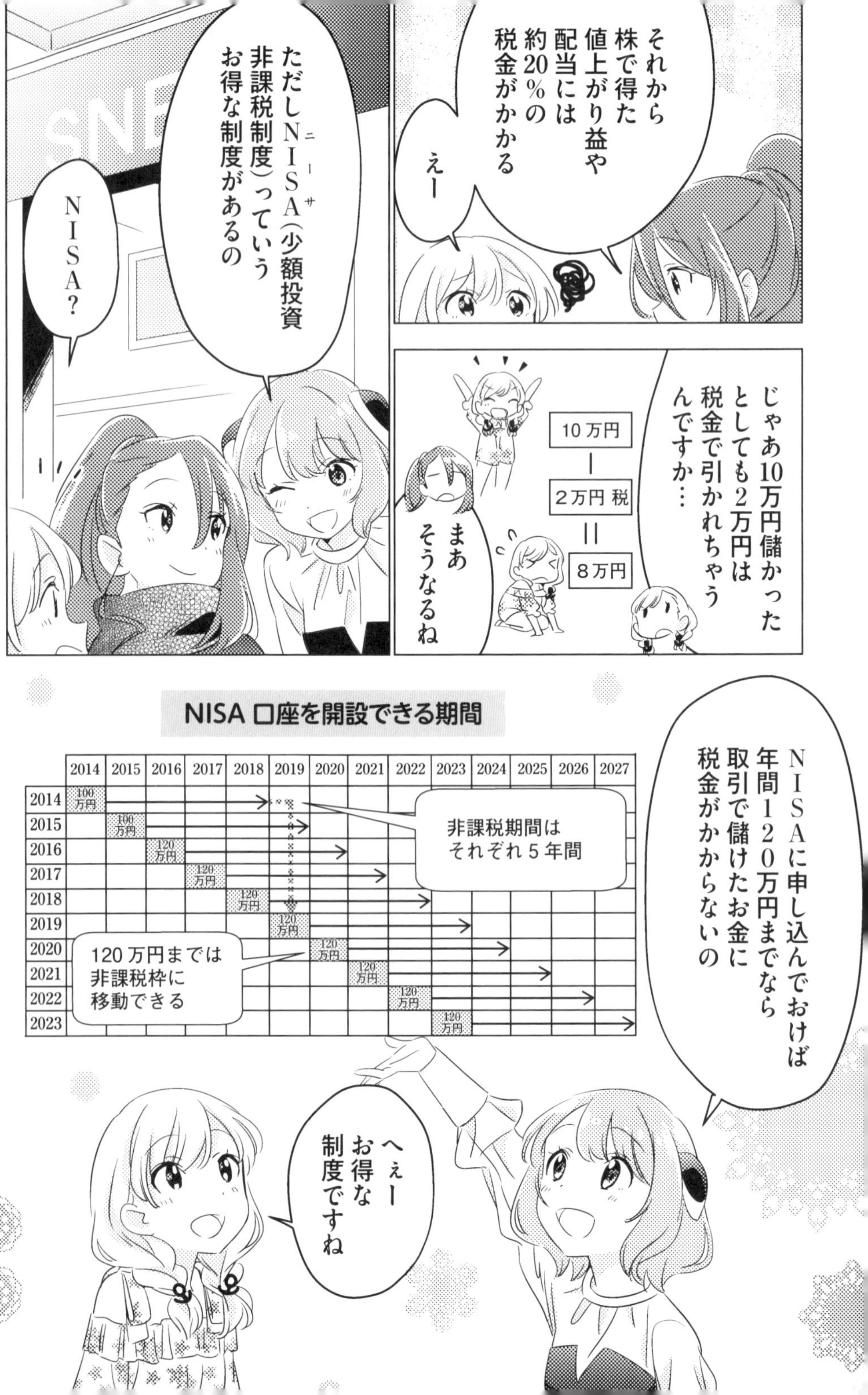
それから株で得た値上がり益や配当には約20%の税金がかかる
えー
じゃあ10万円儲かったとしても2万円は税金で引かれちゃうんですか…
10万円
2万円 税
8万円
まあそうなるね
ただしNISA《ニーサ》（少額投資非課税制度）っていうお得な制度があるの
NISA?
NISAに申し込んでおけば年間120万円までなら取引で儲けたお金に税金がかからないの
NISA口座を開設できる期間
2014 2015 2016 2017 2018 2019 2020 2021 2022 2023 2024 2025 2026 2027
2014 100万円
2015 100万円
2016 120万円
2017 120万円
2018 120万円
2019 120万円
2020 120万円
2021 120万円
2022 120万円
2023 120万円
非課税期間はそれぞれ５年間
120万円までは非課税枠に移動できる
へぇー お得な制度ですね

NISAの特徴

非課税対象	株や投資信託の値上がり益、配当金
非課税投資枠	毎年120万円まで（翌年へ繰り越しは不可）
期　　間	5年間（売却しても非課税枠の再利用はできない）
制度継続期間	2014年から2023年までの10年間
NISA口座資格者	日本在住の20歳以上の人

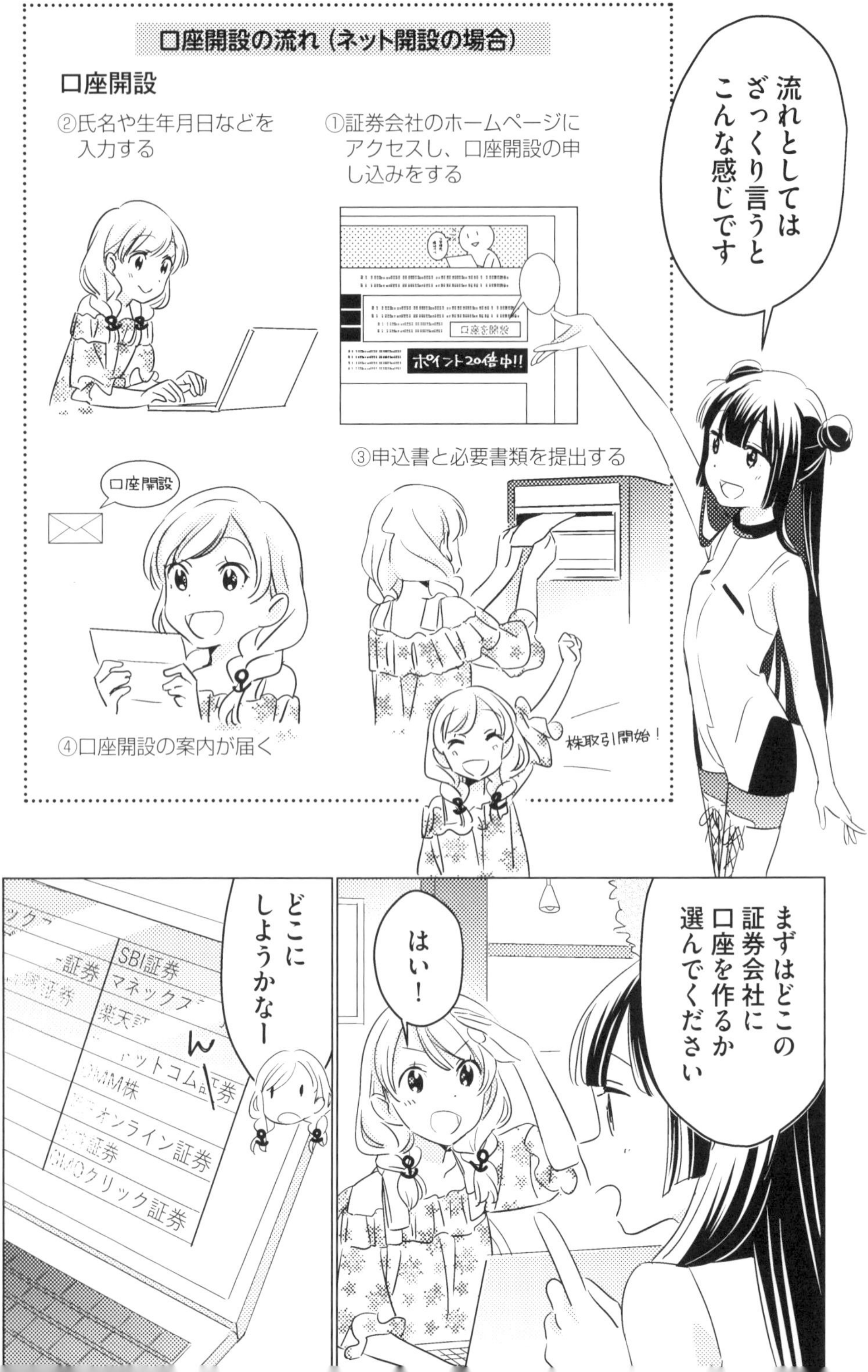

口座開設の流れ（ネット開設の場合）
口座開設
①証券会社のホームページにアクセスし、口座開設の申し込みをする
口座を開設
ポイント20倍中!!
②氏名や生年月日などを入力する
③申込書と必要書類を提出する
口座開設
④口座開設の案内が届く
株取引開始！
流れとしては ざっくり言うと こんな感じです
まずはどこの 証券会社に 口座を作るか 選んでください
はい！
どこに しようかなー
ん
SBI証券
GMOクリック証券

ここはスマホアプリが使いやすいよー
こっちは商品の種類が多いのよ
あ!!この会社のマスコットキャラかわいい～♡
手数料も確認してくださいね
ホームページで…口座開設っと!
とっても簡単!
お得なデビューキャンペーン中!
口座を開設
ポイント
カチッ
あれ ここに一般口座と特定口座の源泉徴収あり・なしってあるんですけど…
口座選択
・一般口座
・特定口座（源泉徴収あり）
・特定口座（源泉徴収なし）
ああ それはですね
さっき税金の話がありましたが 特定口座・源泉徴収ありにしておくと
証券会社が私たちの代わりに税金の計算・納税処理をしてくれるから楽です
慣れないうちは「あり」のほうがいいかもしれませんね
なるほど!
申し込み完了ー!
あとは資料が届くの待つだけ!

口座は「特定口座・源泉あり」がベター

「特定口座」を選ぼう

証券会社で口座を開くときに、口座の種類を選ぶ必要があります。まずは「一般口座」か「特定口座」を選択します。

一般口座を選んだ場合、自分で年間の取引を洗い出し、税金の計算をして、確定申告を行う必要があります。一方、特定口座を選んだ場合、**証券会社が年間取引報告書を作成してくれるので、株の利益や損失がひと目でわかります。**

「源泉徴収あり」が無難

特定口座を選び、次に源泉徴収の「あり・なし」を選びます。源泉徴収とは、証券会社が私たちの代わりに納税までしてくれる便利な制度です。**「源泉徴収あり」を選ぶと、確定申告が不要なので楽です。**ただし、損失が出た年は確定申告を行ってください。「譲渡損失の繰り越し控除」という制度があって、最大3年間、株で利益が出たときに、税金を少なくすることができます。

一方「源泉徴収なし」を選ぶと、自ら確定申告をして納税をしなければなりません。ただ、年間の収入が２０００万円以下の給与所得者で、給与所得、退職所得以外の所得が20万円以下の場合、確定申告は不要です。利益が出ていても、特例として、非課税となります。とはいっても、いくら利益が出るのかはわからないので、「源泉徴収あり」にしておいたほうが無難です。

「特定口座」と「一般口座」の違い

特定口座

おすすめ！

証券会社が１年分の売買を年間取引報告書としてまとめてくれるので便利。確定申告不要も選べる。

一般口座

自分で株の取引履歴をまとめて、税金の計算をしなくてはならない。確定申告は必要。

●特定口座の源泉徴収「あり」と「なし」の違い

特定口座

源泉徴収あり

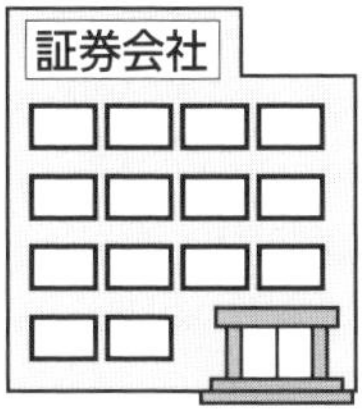

証券会社が納税を代行

源泉徴収なし

自分で確定申告する

Point

複数の証券会社を使って、
利益と損失が出た場合は要注意！

複数の証券会社で取引をしている人は、源泉徴収ありでも、確定申告をしたほうが得になる可能性があります。

たとえば、A社で利益が出て、B社で損が出たケースです。異なる証券会社間では、利益と損失を相殺できないので、源泉徴収ありを選択していても、確定申告する必要があります。確定申告をしないと税金面で損します。

さーて！せっかく街に来たんだし買い物でもしてくかー
わーーい！
さんせーい！
ちょうど春物の新作が並んでるのよね～♡
うふふ♡
前から思ってましたけどカトレアさんは浪費しすぎです
…そういうプラムちゃんは倹約しすぎだと思うわよ
ゴゴゴ
むだ遣いしてないだけです
はいはいケンカしてないでまずは腹ごしらえでもしよう
…ってあれ？
忽然っ
うおおお
はわああ
かわいいいい！

SOMY
SO

早く株買ってみたいなー
あーあ
そうそう
株っておもに2通りの買い方があるんだよ
1つは現在の株価で売買する〝成行注文〟
いくらでもいいから現在の価格で株を買ったり売ったりするんだ

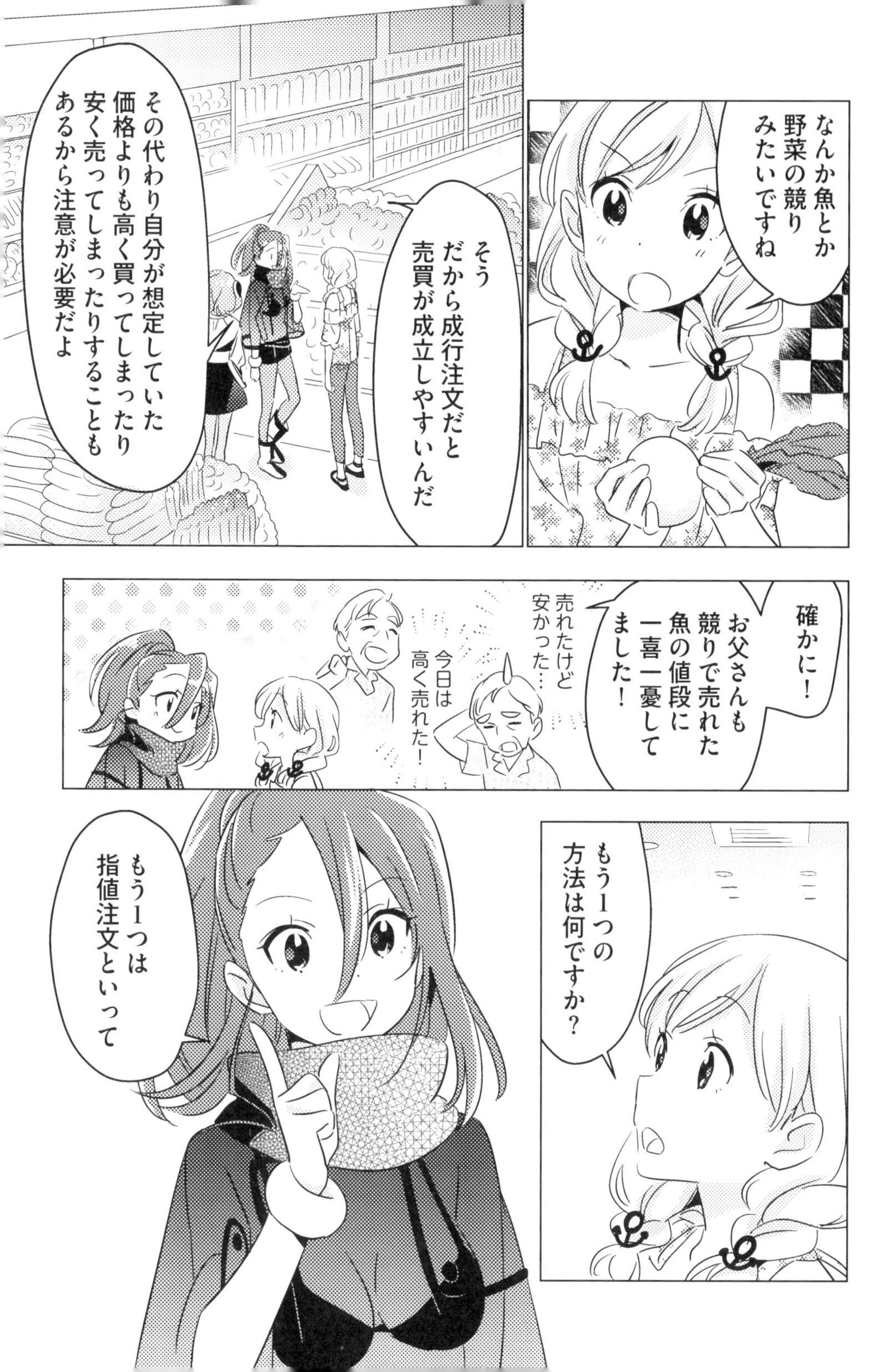
なんか魚とか野菜の競りみたいですね
そう だから成行注文だと売買が成立しやすいんだ
その代わり自分が想定していた価格よりも高く買ってしまったり安く売ってしまったりすることもあるから注意が必要だよ
確かに！お父さんも競りで売れた魚の値段に一喜一憂してました！
売れたけど安かった…
今日は高く売れた！
もう1つの方法は何ですか？
もう1つは指値注文といって

	メリット	デメリット
成行注文	株の売買が成立しやすい	予想外の金額で売買が成立してしまうことも…
指値注文	自分の希望した金額で株を売買できる	相場と離れた金額を指定していると、売買が成立しにくい

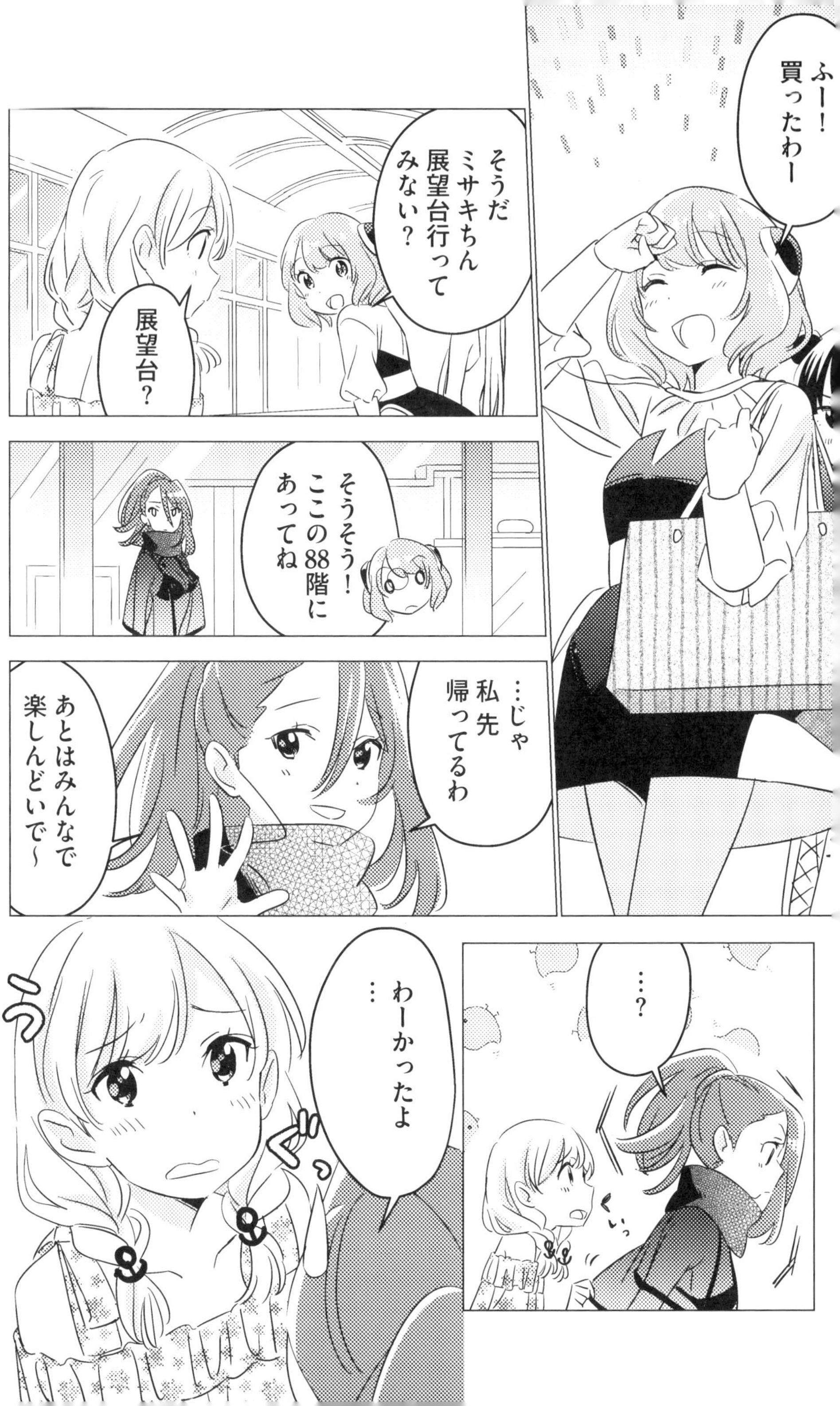
ふー！
買ったわー
そうだ
ミサキちん
展望台行って
みない？
展望台？
そうそう！
ここの88階に
あってね
…じゃ
私先
帰ってるわ
あとはみんなで
楽しんどいで～
…？
くいっ
わーかったよ…
う
ぐっ

わー…きれー!
こんなにきれいなのに来たがらないなんて
もしかしてアイリスさんって高所恐怖症…
いや…
落ちたら死ぬ…落ちたら…
ガタ
ガタ
ガタ
プラムちゃん

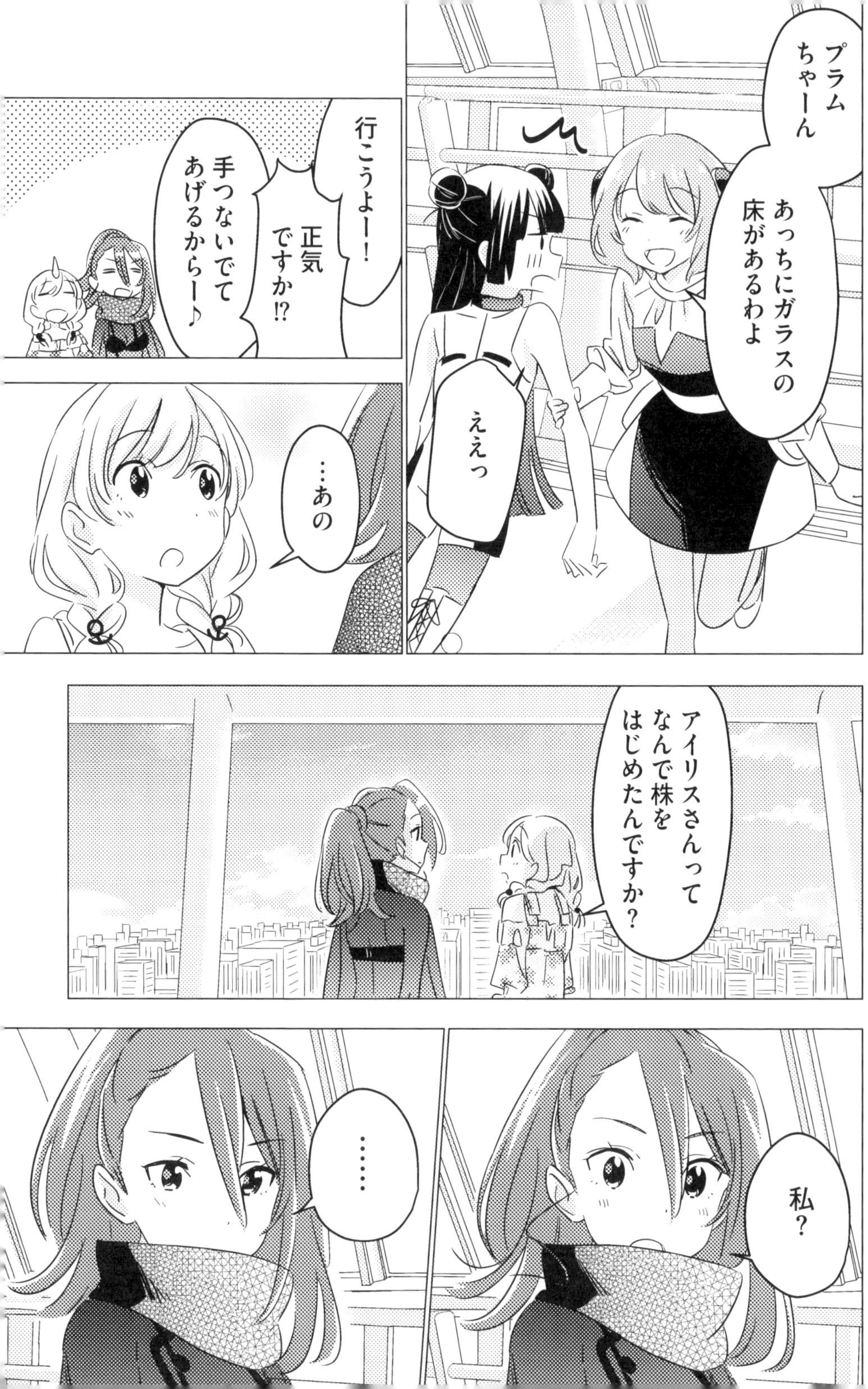
プラムちゃーん
あっちにガラスの床があるわよ
ええっ
行こうよー！
正気ですか⁉
手つないでてあげるからー♪
…あの
アイリスさんってなんで株をはじめたんですか？
私？
……

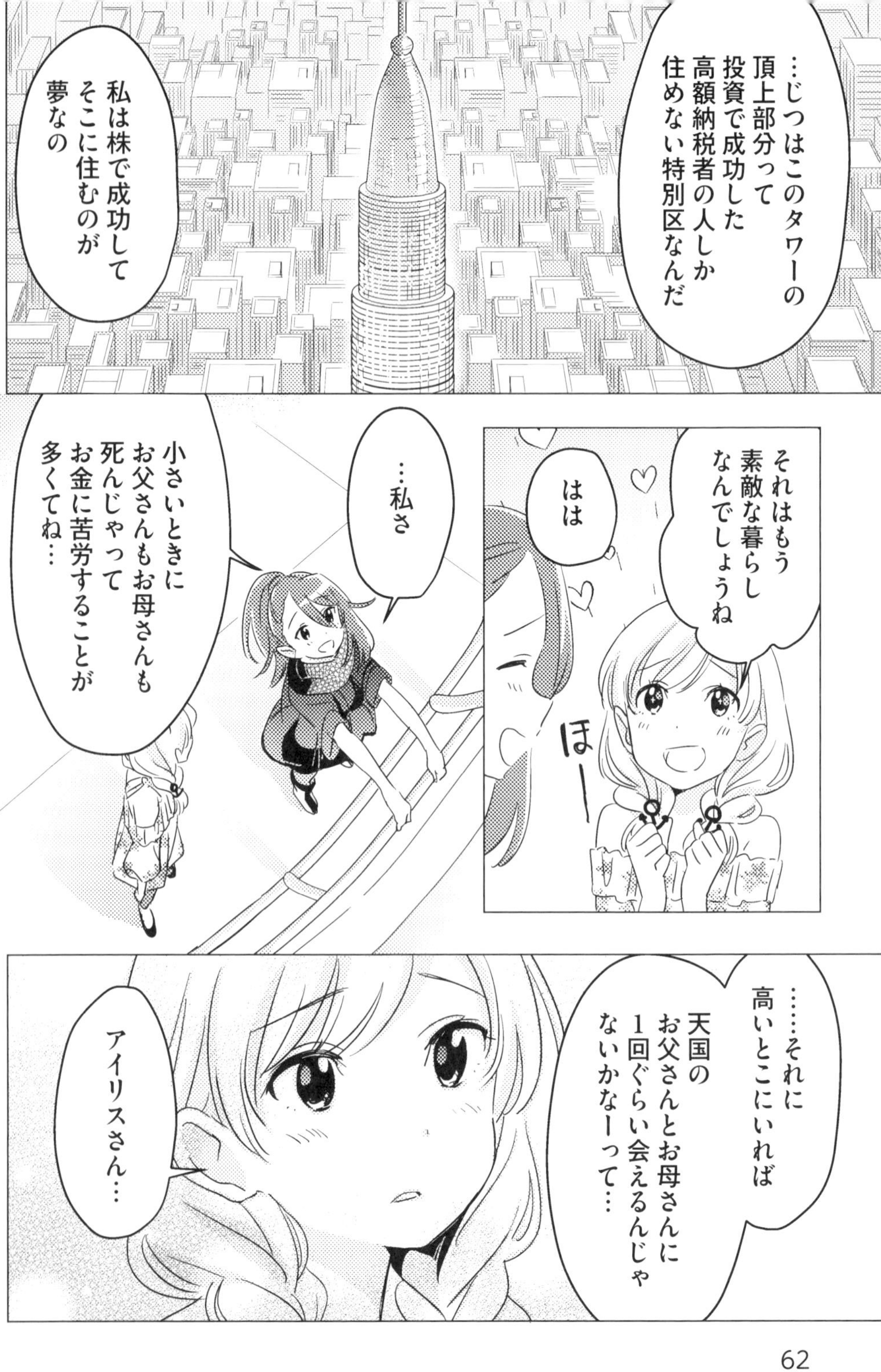
…じつはこのタワーの頂上部分って投資で成功した高額納税者の人しか住めない特別区なんだ
私は株で成功してそこに住むのが夢なの
それはもう素敵な暮らしなんでしょうね
はは
ほー
…私さ
小さいときにお父さんもお母さんも死んじゃってお金に苦労することが多くてね…
……それに高いとこにいれば天国のお父さんとお母さんに1回ぐらい会えるんじゃないかなーって…
アイリスさん…

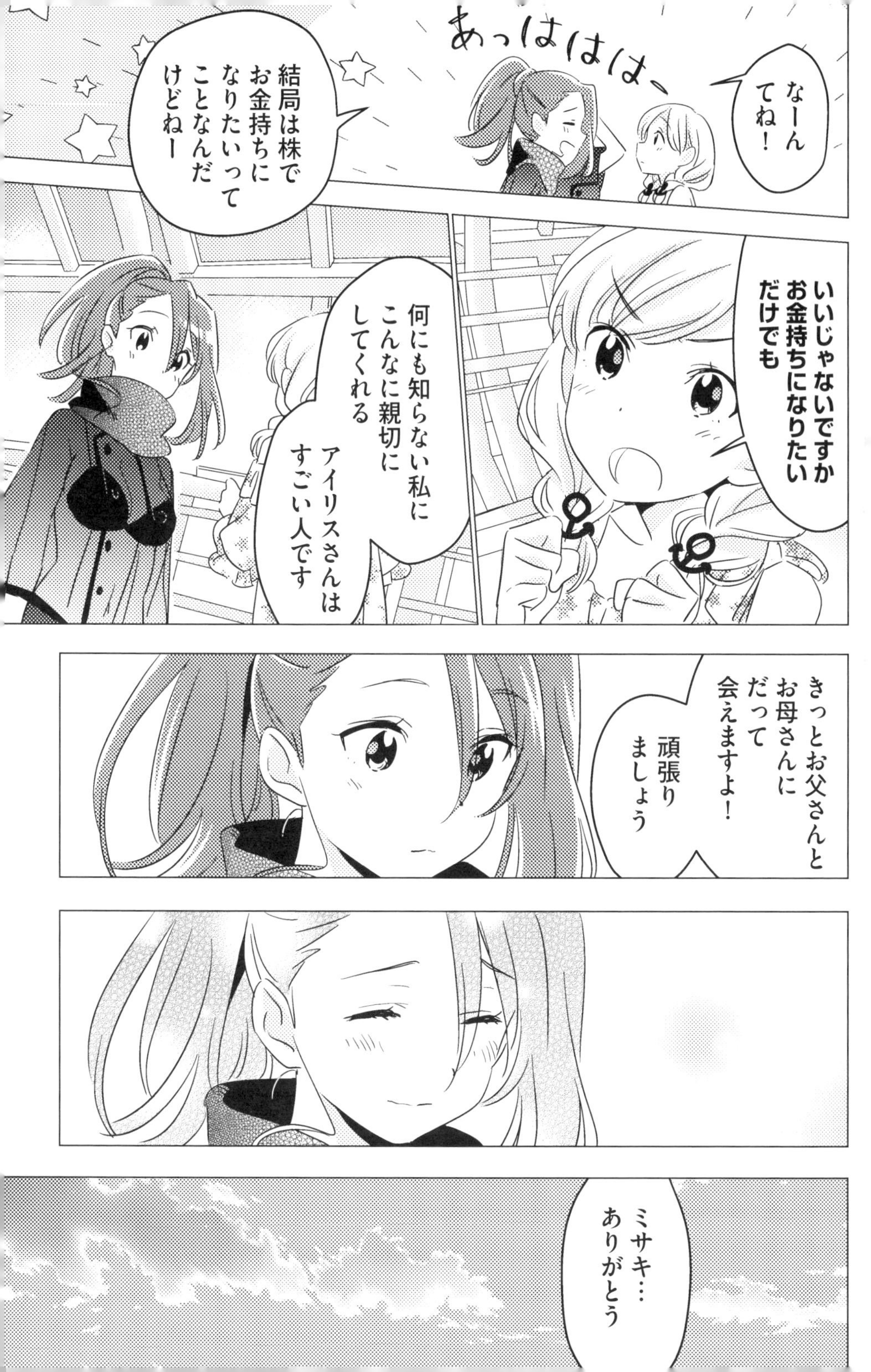
なーんてね!
あっはははー
結局は株でお金持ちになりたいってことなんだけどねー
いいじゃないですか
お金持ちになりたいだけでも
何にも知らない私にこんなに親切にしてくれる
アイリスさんはすごい人です
きっとお父さんとお母さんにだって会えますよ!
頑張りましょう
ミサキ…ありがとう

「信用取引」という方法もある

証券会社に借金して取引すること

30万円のお金を用意すれば、現物取引では30万円分の取引ができます（手数料等除く）。一方、**信用取引では約100万円（約3倍）まで取引できます。**このカラクリは、30万円を委託保証金として証券会社に預け、それを担保にお金を借りるというものです。よって、利益が出れば現物取引の3倍の利益となりますが、逆に、損失も同じように3倍となります。計算上、信用取引の枠を目一杯使って取引した場合、株価が3割程度下がると、投資資金は〝ほぼ0円〟になってしまうのです。

　また、信用取引には「空売り（信用売り）」という注文方法があります。これは、株価が下がったときに利益が出る取引です。しかし、思惑とは裏腹に株価が上がってしまったら、大きな損失となります。空売りでこわいのは、株価が上がって際限なく損失が膨らむことです。

金利や配当金を負担することにもなる

信用取引は、証券会社からお金を借りる取引なので、ポジションを取っているときは、**つねに2～3%くらいの金利がかかります。**そのほかにも、権利確定日をまたいで空売りした場合、配当金に相当する金額を負担します。これは忘れがちなので、注意が必要です。このように、信用取引には魅力もありますが、非常にリスクが高いので、株式投資に慣れるまでは、やらないほうが無難です。

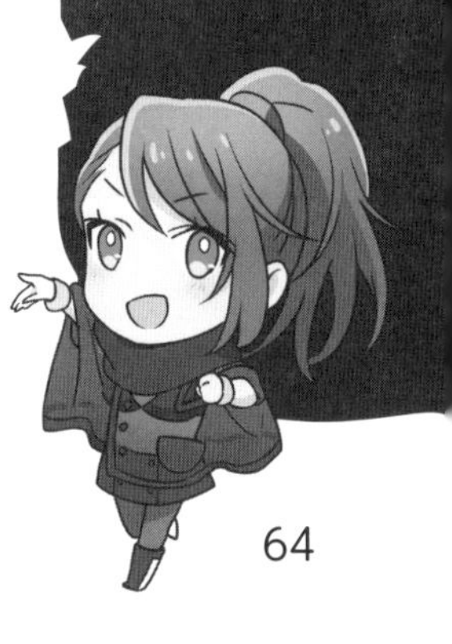

信用取引のメリットとデメリット

●現物取引と信用取引で利益と損失を比較（手数料除く）

30万円分の株が45万円に50％上昇した場合

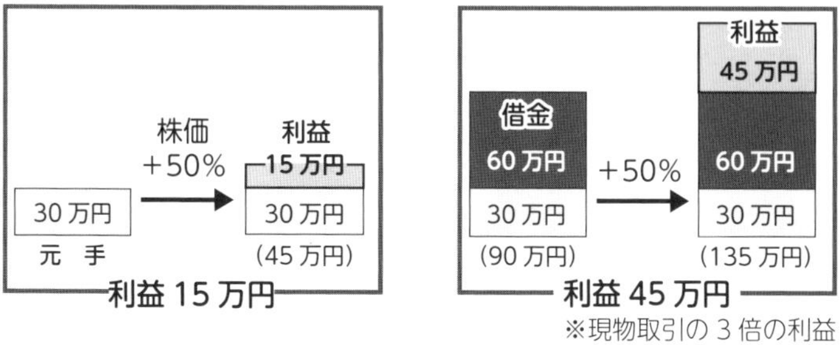

30万円分の株が15万円に50％下落した場合

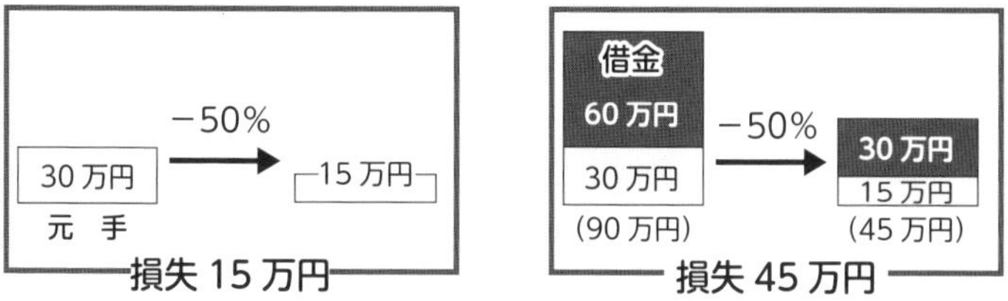

Point

この50％下落のときは追証（おいしょう）が必要

信用取引では、30万円を元手に証券会社に60万円借りているが、45万円の損失を出してしまったため、手元には45万円しか残っていない。

ただ、証券会社には借りた60万円を返さなければならず、損失を除くと15万円分足りない(90万円－60万円－45万円＝－15万円)。

よって、証券会社には追加で15万円支払う必要がある（追証）。

2nd クエストのまとめ

1 株の売買にはお金がかかる

▶ 口座の開設はだいたい無料。株を売買するときは証券会社に「手数料」を支払う。

▶ 対面の証券会社よりもネット証券のほうが、「手数料」はだんぜん安いのでおすすめ。

▶ 株の値上がり益や配当には約 20%の「税金」がかかる。

▶「NISA」という制度を使えば、年間 120 万円までの取引額なら、そこで儲けた利益に税金がかからない。口座開設中に「NISA」を使うか否かを選択する。

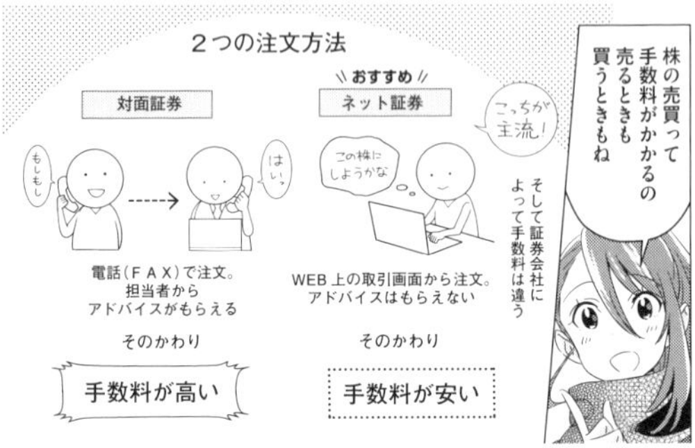

2 証券口座を開設する

▶ 証券会社のホームページから、その指示にしたがって口座開設を行う。事務的な入力だけで済む。なお、口座が開設されるまでには 1 週間から 10 日程度かかる。

▶ 口座を選ぶのに「一般口座」「特定口座（源泉徴収あり）」「特定口座（源泉徴収なし）」がある。

▶ 初心者には「特定口座（源泉徴収あり）」がおすすめ。証券会社が 1 年間の取引をまとめてくれ、さらに投資家に代わって納税処理をしてもらえる。

3 株の注文方法にはおもに「成行注文」と「指値注文」がある

▶「成行注文」は現在の価格で株を売買すること。すぐに売買は成立しやすいが、思わぬ高値で買ったり安値で売ったりすることもある。

▶「指値注文」は投資家の指定した値段で株を売買すること。おもに買うときは現在よりも安い値段を、売るときは高い値段を指定する。株価が希望した値段にならないと売買が成立しない。

	メリット	デメリット
成行注文	株の売買が成立しやすい	予想外の金額で売買が成立してしまうことも…
指値注文	自分の希望した金額で株を売買できる	相場と離れた金額を指定していると、売買が成立しにくい

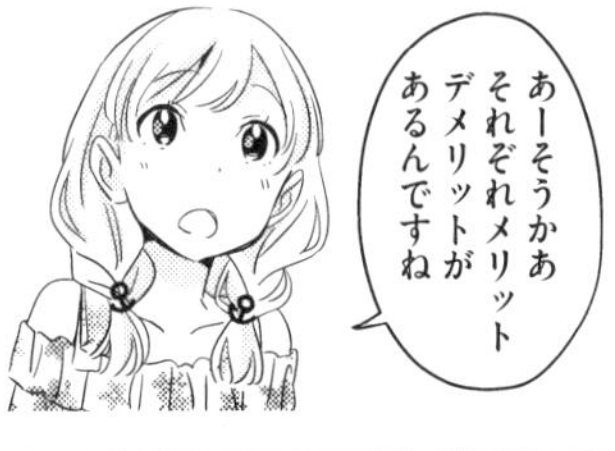

3rd クエスト

ひと目でわかる株価の動き

青い空
白い雲
輝く太陽
海だーー！
口座が開設されるまで
1週間以上かかるし
こういうのもいいでしょ
わーい！

浮き輪と
ビーチバレーの
ボールと
スイカ割りの
スイカもあります！
至れり
尽くせり！
ど゛
んっ
私イルカの
浮き輪～
まったく
用意がいいなー
海のことなら
任せてくださいっ
わい
わい

あれっ
そういえば
プラムちゃん
は？
かき氷買いに
行ったっきり
あー…
えーっ！
遊ばないの？
せっかく来たのに～
こんな暑い中
自ら日差しを
浴びるなんて
どうかしてる…
自殺行為です
しゃく
しゃく
だいたい
髪もべたべた
になる…
キーン
うっ
あーいま
キーンって
なった？
なってませんっ
一気に
食べるからだよ
たた～！

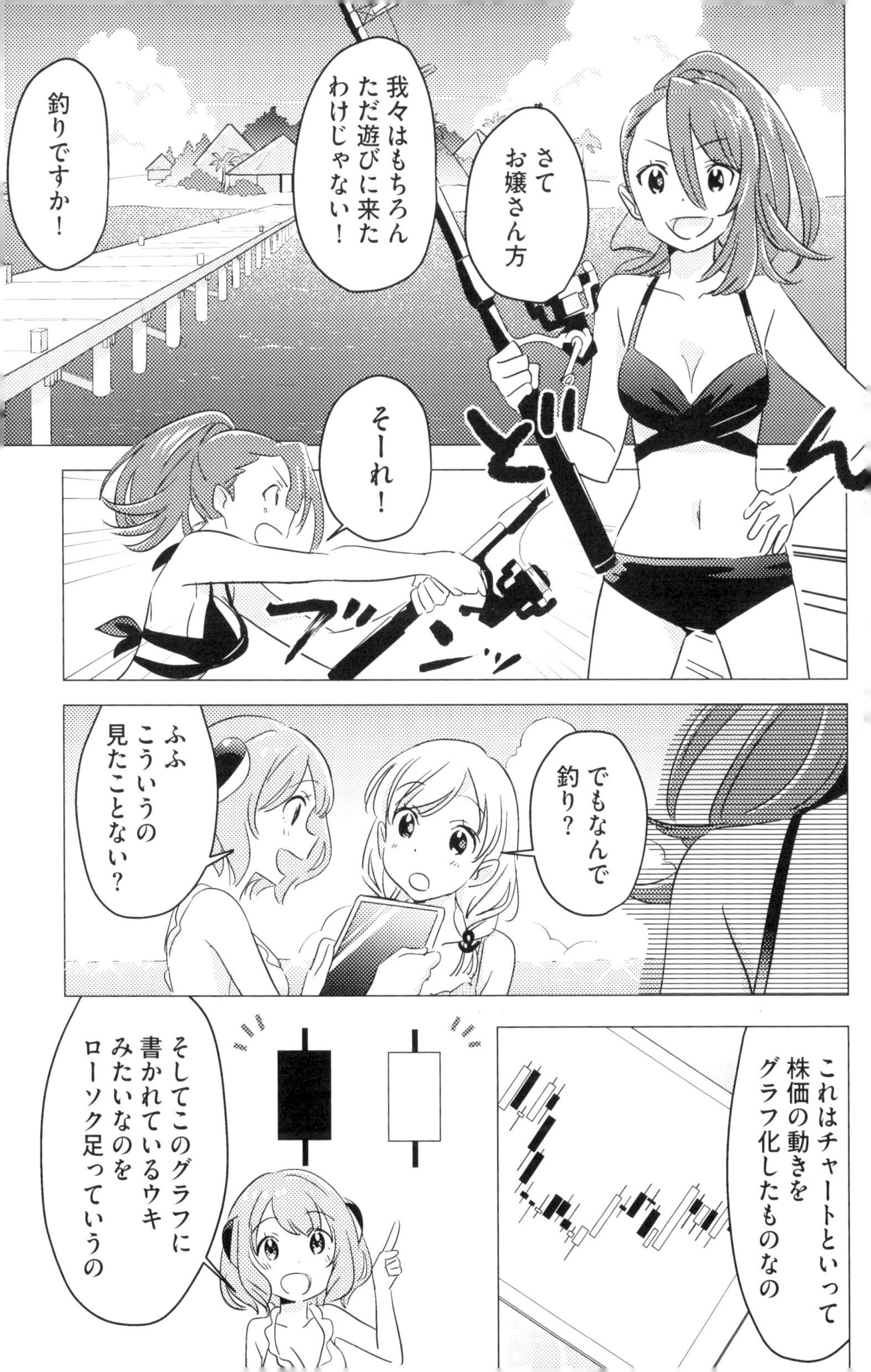
さて
お嬢さん方
我々はもちろん
ただ遊びに来た
わけじゃない!
釣りですか!
そーれ!
でもなんで
釣り?
ふふ
こういうの
見たことない?
これはチャートといって
株価の動きを
グラフ化したものなの
そしてこのグラフに
書かれているウキ
みたいなのを
ローソク足っていうの

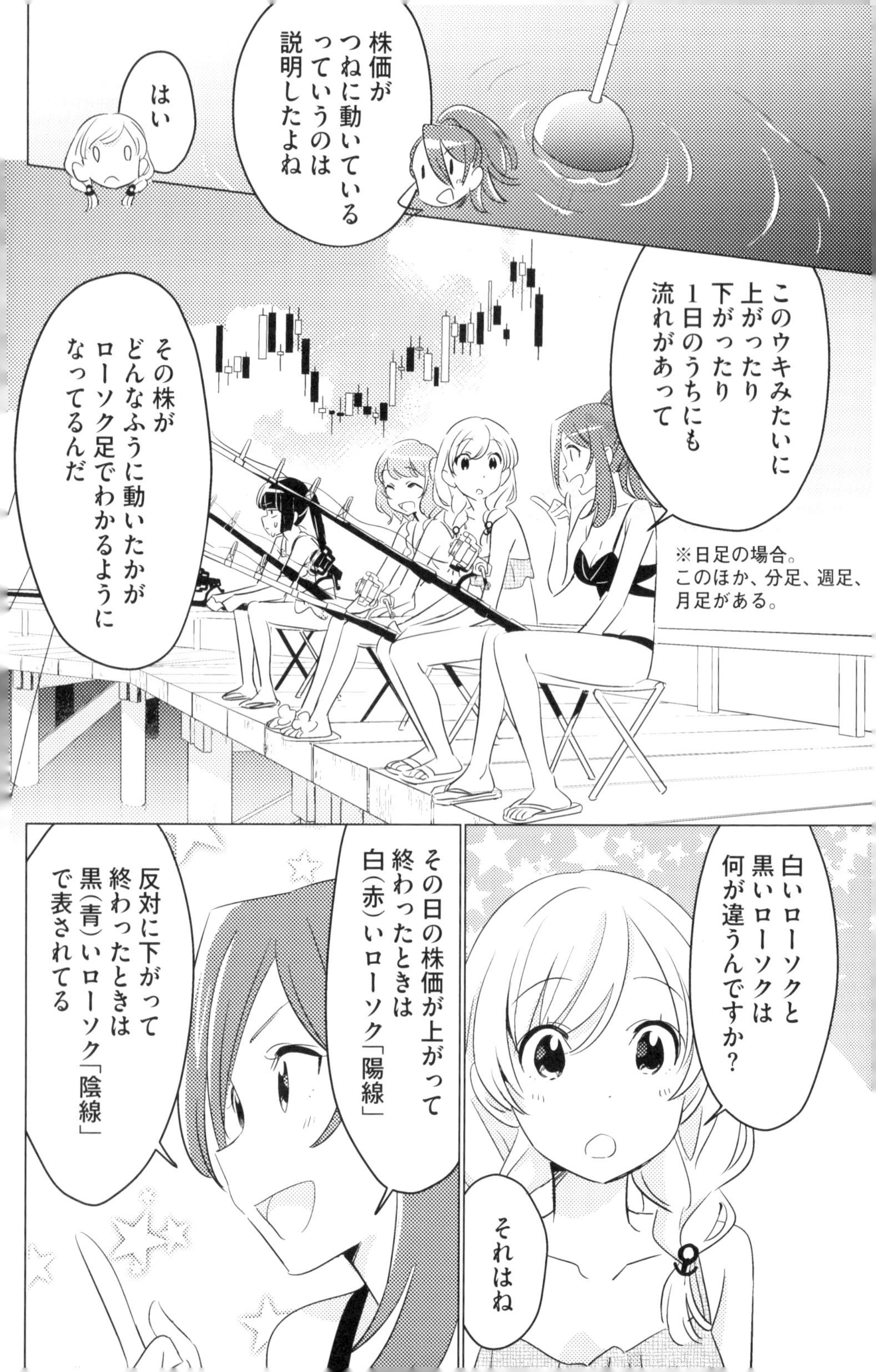
株価が
つねに動いている
っていうのは
説明したよね
はい
このウキみたいに
上がったり
下がったり
1日のうちにも
流れがあって
※日足の場合。
このほか、分足、週足、
月足がある。
その株が
どんなふうに動いたかが
ローソク足でわかるように
なってるんだ
白いローソクと
黒いローソクは
何が違うんですか？
それはね
その日の株価が上がって
終わったときは
白(赤)いローソク「陽線」
反対に下がって
終わったときは
黒(青)いローソク「陰線」
で表されてる

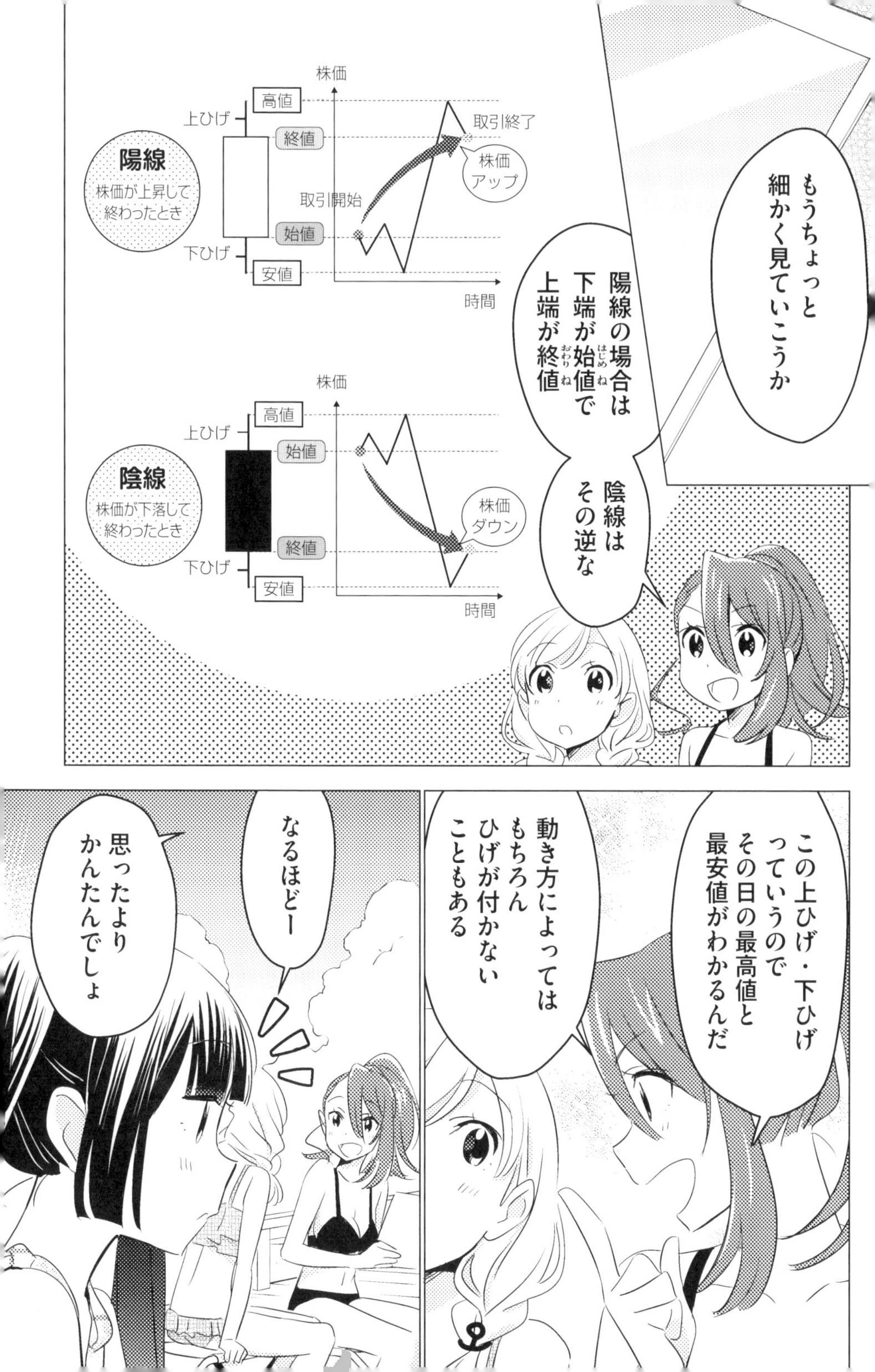
もうちょっと細かく見ていこうか
陽線の場合は下端が始値《はじめね》で上端が終値《おわりね》
陰線はその逆な
株価
高値
上ひげ
終値
取引終了
陽線
株価が上昇して終わったとき
株価アップ
取引開始
始値
下ひげ
安値
時間
株価
高値
上ひげ
始値
陰線
株価が下落して終わったとき
株価ダウン
終値
下ひげ
安値
時間
この上ひげ・下ひげっていうのでその日の最高値と最安値がわかるんだ
動き方によってはもちろんひげが付かないこともある
なるほどー
思ったよりかんたんでしょ

むむっ!?
何かかかった
プラムちゃん！
うぐぐぐ…
がしっ
ミサキさん！
手伝うよ！
せーのっ…
ぐぐっ

いけーっ！
さっ
ぱーん
わあっ
釣れた…！
タイだーー！
めでタイ！
…
どんっ

「ローソク足」を読み解こう

チャートは「ローソク足」でできている

株価チャートを初めて見る人は、なんだかむずかしそうと感じるかもしれませんが、ここで紹介することだけを覚えておけば大丈夫です。なぜなら、**株価チャートの本質は、これまでの株価の動きをわかりやすく表すこと**であって、将来の株価を約束するものではないからです。ただし、株価チャートを参考に投資をする人もいるので、知っておいて損はありません。とくに短期投資では、チャートを分析しながら取引します。

なお、株価チャートはローソク足の集合体でできています。よって、ローソク足の意味がわからないと、株価チャートを理解することはできません。

ローソク足から相場の強さがわかる

ローソク足は、始値《はじめね》・終値《おわりね》・高値《たかね》・安値《やすね》の4つの株価で構成されています。始値より終値のほうが高ければ、おもに白いローソク足（陽線）、逆に始値より終値のほうが低ければ、おもに黒いローソク足（陰線）となります。**一般的に陽線が出るとその期間での相場が強く、陰線が出ると弱いといわれます。**

もう1つ大事な要素に、「ヒゲ」があります。たとえば陽線の下にヒゲがあった場合、始値がついたあと、いったん株価が下がって安値をつけ、その後終値にかけて最高値になった、強い相場を意味します。このように、ヒゲは相場の強弱を示す役割を持っています。

ローソク足の形に現れる心理

●上ヒゲが長い……弱気のシグナル

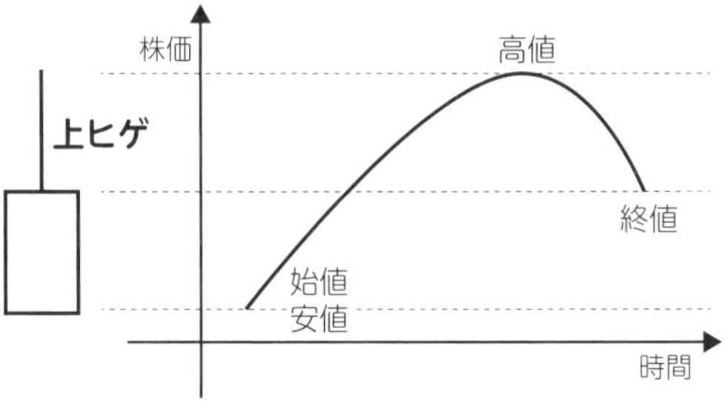

始値よりも高値をつけるものの、終値が高値より安く引けている。売り圧力に押されているので、売りの意識が強く「弱気」のシグナルとなる。ローソク足が陰線でも同様に弱気と見られる。

●下ヒゲが長い……強気のシグナル

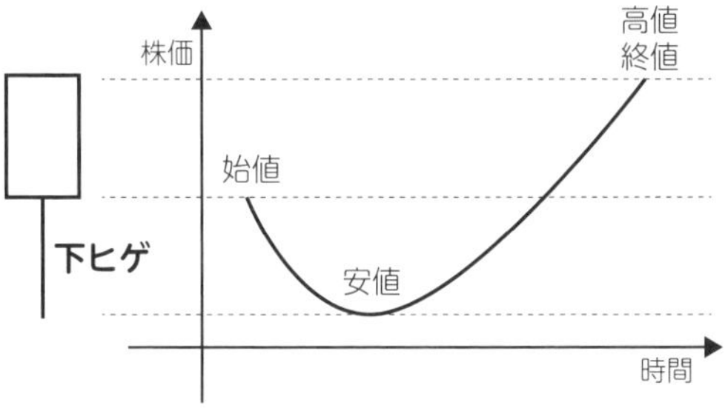

始値よりも安値をつけるものの、高値で引けている。買い圧力に押されているので、買いの意識が強く「強気」のシグナルとなる。ローソク足が陰線でも同様に強気と見られる。

●十字線が出る……トレンド転換のシグナル

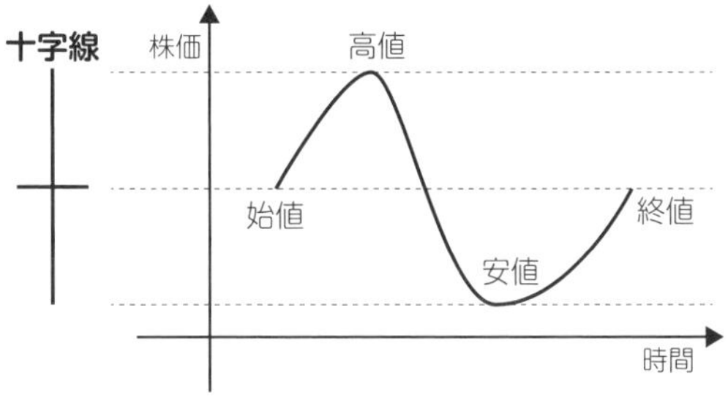

始値と終値が同値で、売り買いが拮抗している状態。相場が底値圏のときに現れたら上昇へ、高値圏のときでは下落へと、トレンドの転換点となることがある。この十字線が出たときは要注意。

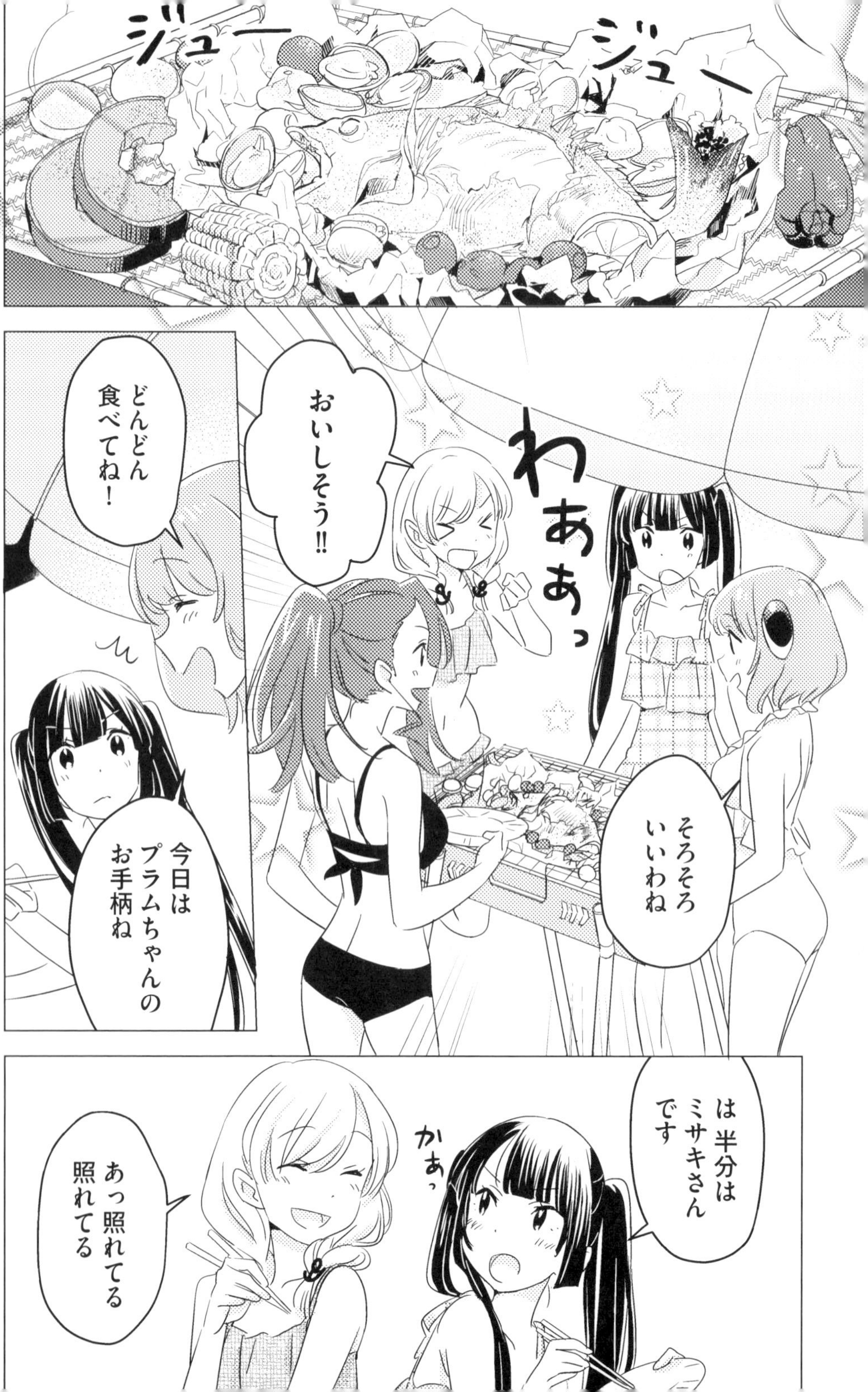
ジュー
ジュー
わああっ
おいしそう!!
そろそろいいわね
どんどん食べてね!
今日はプラムちゃんのお手柄ね
は半分はミサキさんです
かあっ
あっ照れてる

うまかったー！
カトレアさんの味付けも最高でしたね！
うふふ ありがとう♡
そういえばさ さっきのチャートを見ていて思ったんだけど
株価ってなんとなく上下の波があるよね
よく気がつきましたね
株価は毎日上がったり下がったりしますが
それとは別にトレンドという大きな流れがあります
トレンド？
たとえば

まずは上昇トレンド
これは陽線が出やすく右肩上がりのトレンドラインのことです
ほうほう
好業績やいい材料によって買い意欲が断続的に続いている状態といえます
買いどきってこと?
そうですね
初心者は上昇トレンドにある株を買うのがおすすめではあります
チャートに基づく「買いどき」はほかにもいろいろあるんですけどね
ふむ
ふむ
慣れてきたら覚えるといいかもしれません
次に下降トレンドですが…

陰線が出やすく
右肩下がりのトレンド
ラインのことです
悪い業績や
悪い材料によって
売り意欲が
断続的に
続いている状態です
トレンドは
ほかにも
あるんですが
覚えていてほしいのは
1つのトレンドが
ずっと続くことは
ないってことです
いつかは流れが変わって
別のトレンドに
なるんです
なんだか
潮の満ち引き
みたいだね
でもトレンドが
変わったなっていうのは
どうやって判断すれば
いいの?
それを考えるには
まずこのグラフについて
説明する必要が
ありますね

さっきのチャートだね
ローソク足のほかに折れ線グラフと棒グラフがありますよね
これを移動平均線と出来高といいます
どちらもトレンドを調べるのに役立ちます
下降トレンド
上昇トレンド
移動平均線
出来高
まず移動平均線ですがこれはある一定期間の株価の終値を平均してグラフにしたものです
ほう
この3本 よく見ると5日 25日 75日とあるのがわかりますか?

5日
25日
75日
この日足チャートでは5日 25日 75日移動平均線が使われています
これによって株価の大まかなトレンドをつかむことができます
移動平均線が上がっていれば上昇トレンド下がっていれば下降トレンドということです
で 次に出来高ですが
これは期間中に取引が成立した株式の数をグラフにしたものです
出来高が多いほど株価の動きが活発ということですね
出来高が上昇しながら株価も上昇した場合は上昇トレンド 出来高が上昇しながら株価が下落した場合は下降トレンドといえます
なるほどー

今日は楽しかったねー
BBQおいしかったなー
スイカ割りも楽しかったわね♡
…2人とも寝ちゃいましたね
くー
すかー
あははほんとだ
ねえねえプラムちゃんはなんで株はじめたの?

なんですか
藪から棒に
へらっ
いやー
なんでかなー
と思ってね
私より年下だし
ほかにもっと
楽しいこと
あるだろうに
何か理由が
あるのかなー
って
…別に
すかー
ちらっ
2人とも
寝てるよ
ぐー
……
ボッ…
…みんなと
一緒にいるのが
楽しいから

えっ
え？ それだけ!?
なんですか その反応は
失礼なっ
昔は部屋にこもって ゲームばかり してたんです
株もゲーム感覚で はじめました
だけど全然 うまく いかなくて…
そんなとき 2人に出会って
株について 教えてもらい ました
今日みたいに 連れ回される こともあります けど
2人に出会ってから 毎日がとても 楽しいです

……それに
ミサキさんとも
知りあえた…し…
ぼそ
ぼそ
プラム
ちゃん……！
ぶっ!?
私も
プラムちゃんと
お友達になれて
よかった！
今日も
いろいろ
教えてくれて
ありがとう
苦しいです
ミサキさん
知らない間に
ずいぶん仲良く
なったみたいだな～
にや
にや
アイリス
さん!?
ふふふ
カトレア
さんも！
狸寝入りですか!?
か――っ
…っっ

「トレンド」から買いどきを知る

3つのトレンドを見極める

株価チャートのトレンドから、株価の方向性を見ることができます。ただし、**あくまでも“方向性”です**。株価変動に絡む材料が出たときは、トレンドを無視して株価は変動するので、注意してください。トレンドは大きく分けて3つあります。

1つ目は「上昇トレンド」です。株価チャートが右肩上がりの状態です。売りたい人よりも買いたい人のほうが多く、ローソク足の陽線が出やすくなっています。

2つ目は「下降トレンド」です。株価チャートが右肩下がりの状態です。買いたい人よりも売りたい人のほうが多く、陰線が出やすくなっています。

3つ目は「ボックストレンド」です。ある一定の範囲内の値幅で、株価が上下する状態です。株価を動かす要因がないとき、このボックストレンドになることがあります。

「上昇トレンド」に乗ろう

3つのトレンドの中で、利益が出やすいのは「上昇トレンド」です。とくに**ボックストレンドから上昇トレンドへ転換したときこそ、大きな利益を得るチャンスです**。見極めるポイントは、ボックストレンドのレジスタンスラインを上に抜けたときです。その後しばらく上昇トレンドが続く可能性があります。なお、レジスタンスラインとは株価の高値と高値、サポートラインとは安値と安値を結んだものです。

トレンドごとに見た売買のタイミング

●上昇トレンド …… 売りたい人より買いたい人が多い

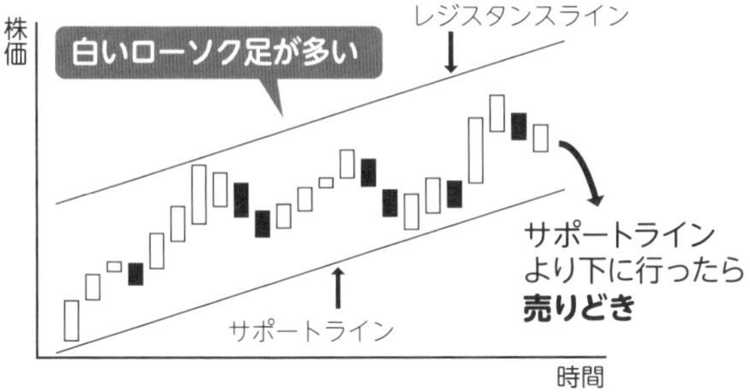

●下降トレンド …… 買いたい人より売りたい人が多い

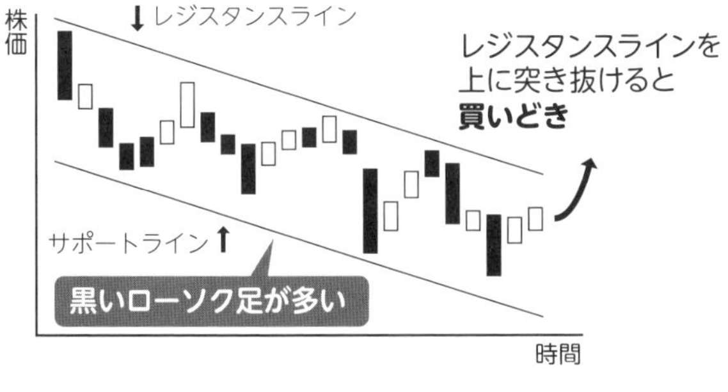

●ボックストレンド

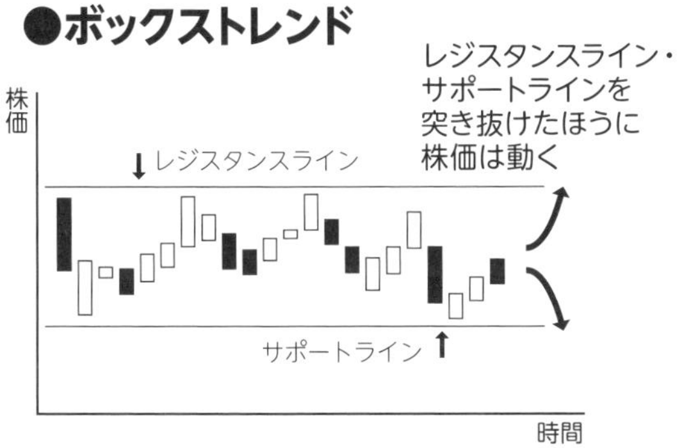

「移動平均線」からトレンドを見る

大まかな株価の流れをつかむ

株価チャートになだらかな線がかかっていることがあります。これは「移動平均線」と呼ばれる過去の終値の平均値を結んだものです。

たとえば5日移動平均線なら過去5日間の終値の平均を求めます。

移動平均線には、「5日移動平均線（短期）」と「25日移動平均線（長期）」、「13週移動平均線（短期）」と「26週移動平均線（長期）」などの組み合わせがあります。

ローソク足がとある期間の株価の動きを読み取るのに対して、**移動平均線では大まかな株価の流れをつかみます。**

売買タイミングの参考にもなる

移動平均線を使ったトレンドの見方ですが、たとえば、5日線が25日線を下から上へと突き抜けることを「**ゴールデンクロス**」といいます。一般的に買いのタイミングといわれています。

逆に、5日線が25日線を上から下へと突き抜けることを「**デッドクロス**」といいます。一般的に売りのタイミングといわれています。

これらの中には「だまし」と呼ばれる、セオリー通りに動かないパターンもあります。株価チャートもそうですが、企業の業績など、株価のもとになる情報を無視しているので、中長期投資を目指している方は、あくまで参考程度にとどめておきましょう。

トレンドがわかる移動平均線

●移動平均性と出来高

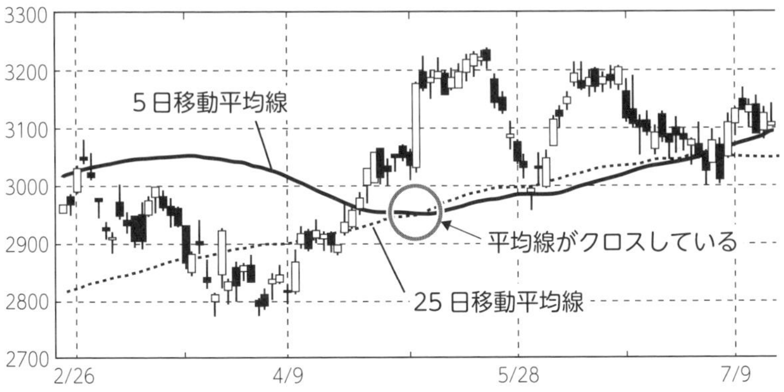

●ゴールデンクロスとデッドクロス

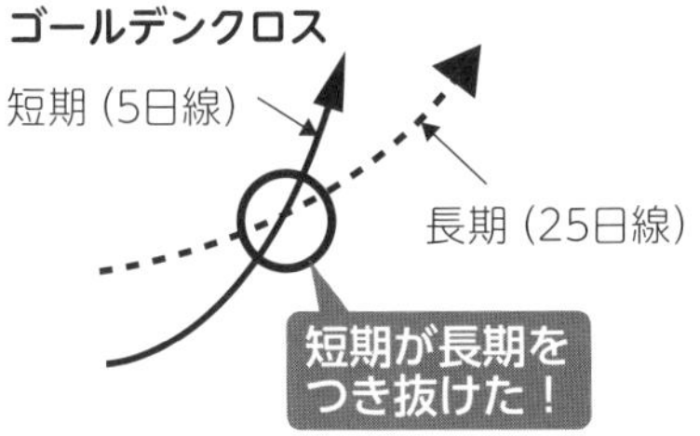

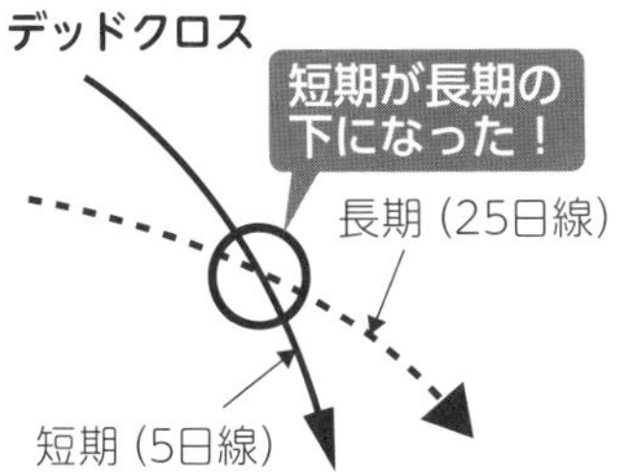

皆さ——ん!
私の口座ができました!!
じゃーん!
おおっ
いよいよね!
投資の世界へようこそ!

いい？ミサキ
株の売買をするにあたって
私たちの中で絶対守ってほしい
ルールがあるの
守ってほしい
ルール？
そう！
名付けて「成功する
ための3条件」
株って
最初の買い
注文を出す
までが一番の
ハードル
なんだよ
心理的な
抵抗感が
出ちゃうの
よね～
でも
この3条件さえ守れれば
ミサキでも自己心理を
コントロールしながら
売買できるはず！
その条件を
教えてあげる

成功するための条件 1

一獲千金を狙わない

★安定したところから狙う

株式投資で〝一獲千金を狙う〟というのは、「株価が急激に大きく上がるだろうと予想する株に資金を集中させること」を意味しています。株式投資で成功するというと、メディアの影響でこのようなイメージを持つ方が多いかもしれませんが、**初心者の方がこのような考えを持つのは非常に危険です**。もちろん、うまくいけば「めでたし、めでたし」となるわけですが、株式投資はそこまで甘くありません。

株価が急激に大きく上がる株は逆に、大きく下がる危険性をはらんでいることをしっかりと覚えておいてください。短期間で大儲けしようとすると大損するおそれも十分にあるのです。

この解決策としては、**日々の株価が大きく動くことが少ない株を選ぶべきです**。ゲーム・バイオ・ＩＴといった業績や株価の変化が大きい派手な株を避け、食品・外食・小売りなど業績や株価の変化が比較的小さい地味な株からはじめるべきです。また、値上がりランキングや値下がりランキングで常連になっている株も避けてください。長く株式市場に向き合って、企業の成長とともに着実に利益を積み上げるスタイルを築いてください。

NG

一発大儲けを狙って、値上がり率ランキング上位の値動きの激しい株に集中投資をする（業種でいうとゲーム・バイオ・ITなど）。

その結果

リスクを取りすぎているため、途中まではうまく運用できていたとしても、一度の失敗で大損してしまう。仮に、信用取引を使って全力で集中投資をしていると、借金を抱えることにもなりかねない。ギャンブル的な要素が強く、健全な資産運用とはいえない。

OK

着実に毎年増収増益で利益を積み上げている、業績の安定した複数の株に分散投資する（業種でいうと、食品・外食・小売りなど）。

その結果

日々の急激な株価変動に心動かされることなく、安定した資産運用を続けられる。分散投資している株の月次情報や決算情報をチェックし、業績の悪くなった株は売却を、業績のよい株は購入を検討する。うまく株を入れ替えていくことで、運用の安定も期待できる。

成功するための条件 2

少額からはじめる

★失敗しても続けられそうな金額から

前ページで紹介した〝一獲千金を狙わない〟にも通じるところですが、少額からはじめるというのも大変重要です。「十分運用できるようなお金が貯まってから投資をはじめたい」という方をよく目にしますが、まったく逆の発想が必要です。

じつは、手元にまとまったお金がないうちから、少しずつはじめるほうがよいのです。なぜなら、初心者に失敗はつきもので、はじめからうまくいく人はまれです。よって、かすり傷程度の損失は授業料と割り切って、**まずは経験を積むことを意識してください**。そして、失敗したときはなぜ損してしまったのか、儲かったときは何がよかったのかを考えましょう。このようなトライ&エラーを繰り返すことで、ご自身にとっての勝ちパターンが身につき、その後の運用が安定したものになっていきます。

一方で、はじめからまとまったお金を投資すると、冷静さを失って感情に支配された行動をしてしまいます。たとえば株価が下落して、本当はまだ売らないほうがよいのに、こわくなって全部売ってしまうなどがその典型例です。**正常な判断ができる金額に抑え、再現性のある勝ちパターンを身につけてから、資金を増やしていきましょう。**

NG

新入社員のころから10年間貯金を続けて1000万円貯まり、以前から興味があった株式投資に挑戦。担当の証券マンにすすめられるがまま、全額投資したものの不安な毎日を送る。

その結果

不安が的中して、なんと1年で300万円もの損が出てしまった。これ以上損したくないという思いから、こわくなって株式投資をやめてしまった。

OK

初任給のころから5万円ずつを株式投資に振り分ける。手探りで企業分析や投資手法の勉強をしながら、投資を続ける。

その結果

最初の1年間は一進一退を繰り返した結果、利益を出せなかった。しかし、後にこの失敗を糧にして成功を積み重ね、安定した運用成績を残せるようになる。この調子で60歳までに1億円を貯めるという目標を立てた。

成功するための条件 3

雰囲気で銘柄を選ばない

★マイルールを決めて、それを守る

「なんとなく儲かりそうな銘柄だから買ってみよう…」
「有名な人が強くすすめているから大丈夫だろう…」
「短期投資のつもりで買ったが、株価が下がったから長期投資に変えよう…」
「ここまで株価が下がったのだから、もう下がらないだろう…」

このように、なんとなくの雰囲気で株式投資をするのは本当に危険です。マイルールをしっかり持たないと、周りの情報にふらふら流されてしまい、根拠のない取引をしてしまいます。**根拠のない取引には再現性がないので、そのときはたまたまうまくいっても、次もうまくいくという保証がありません**。株式投資のマイルールをきちんと決めてそれを必ず守ること。これを実践してください。

私がおすすめしているマイルールは、**会社の業績（価値）と株価（価格）に注目するものです**。業績のよい株をできるだけ割安に買うことができれば、時間の経過とともに結果が出ます。たとえるなら、価値のあるブランド品をバーゲンセールで買うような感覚です。

これと同じで、株式投資だからとむずかしく考えず、よい会社に投資をしましょう。

NG

有名な人が煽っている株を、SNSで周りの人もほめていた。前々からその人の推す株は急騰していたので、今回も儲かりそうだと思って、雰囲気で買ってみた。

その結果

一時的に株価は急騰したものの、その後急落して元の株価に戻ってしまった。取り巻きの株価のつり上げにまんまと引っかかってしまい、自分が買うころにはすでに、利益確定のために売られはじめていたのだ。次こそは取り戻すぞと、次のおすすめ株に飛びつくも、似たような結果となってしまった。

OK

投資をはじめる前に、マイルールをしっかり決めて、それをしっかり守っていく。自分の頭で考えて決めた投資スタイルを磨いていく。

その結果

周りの雑音に耳を貸さず、自分の投資スタイルを貫く。業績がよい株をできるだけ安く買っているので、運用成績もよい。また長期投資なので投資にかける時間も多くなく、プライベートの時間もしっかり確保できている。

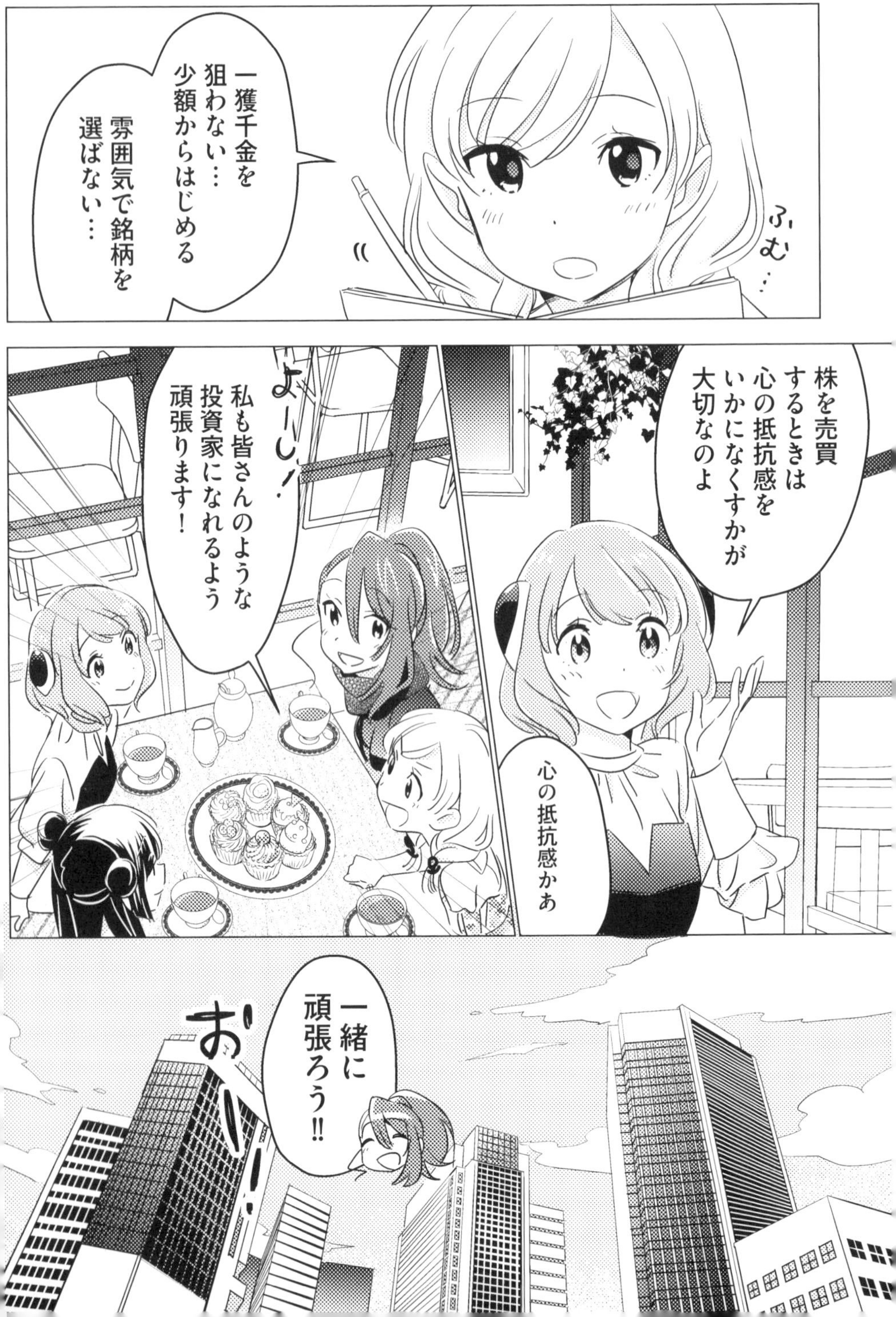
ふむ…
一獲千金を狙わない…少額からはじめる雰囲気で銘柄を選ばない…
株を売買するときは心の抵抗感をいかになくすかが大切なのよ
心の抵抗感かぁ
よーし!
私も皆さんのような投資家になれるよう頑張ります!
一緒に頑張ろう!!
おー!

4th クエスト

実践！銘柄選びと売買のタイミング

SUPERMARKET
カトレア
おはよー
あ！
いらっしゃーい
悪いね
無理言って
いいよ いいよ
ちょうど人
足りてなかったし
…アイリスさん
スーパーで働くのが
株の勉強に
なるんですか？
まあね
とりあえず
着替えよう！

だし
だし
みんな休憩入っていいよ〜
はーい
休憩室

アイリスさん それでこのお仕事が 株とどう関係するんですか？
そうだった！ 身近なところから 銘柄を探すっていうのを 教えようと思ってね
ミサキは これから 株を買うと 思うんだけど
身近な？
そ たとえば
暑い日が続けば 日焼け止めや アイスクリームを 販売している会社の 株価が上がったり するんだよ
Sun

まずはこのお店で売れている商品を探してその会社を調べてみるといいんじゃないかな
なるほどー
ネットだけじゃなく株の情報は街中にあふれているんですね
こうやって世の中の情報や会社の業績を調べて 株の値動きを予測する方法を
ファンダメンタルズ分析というんです
休憩いただきましたー

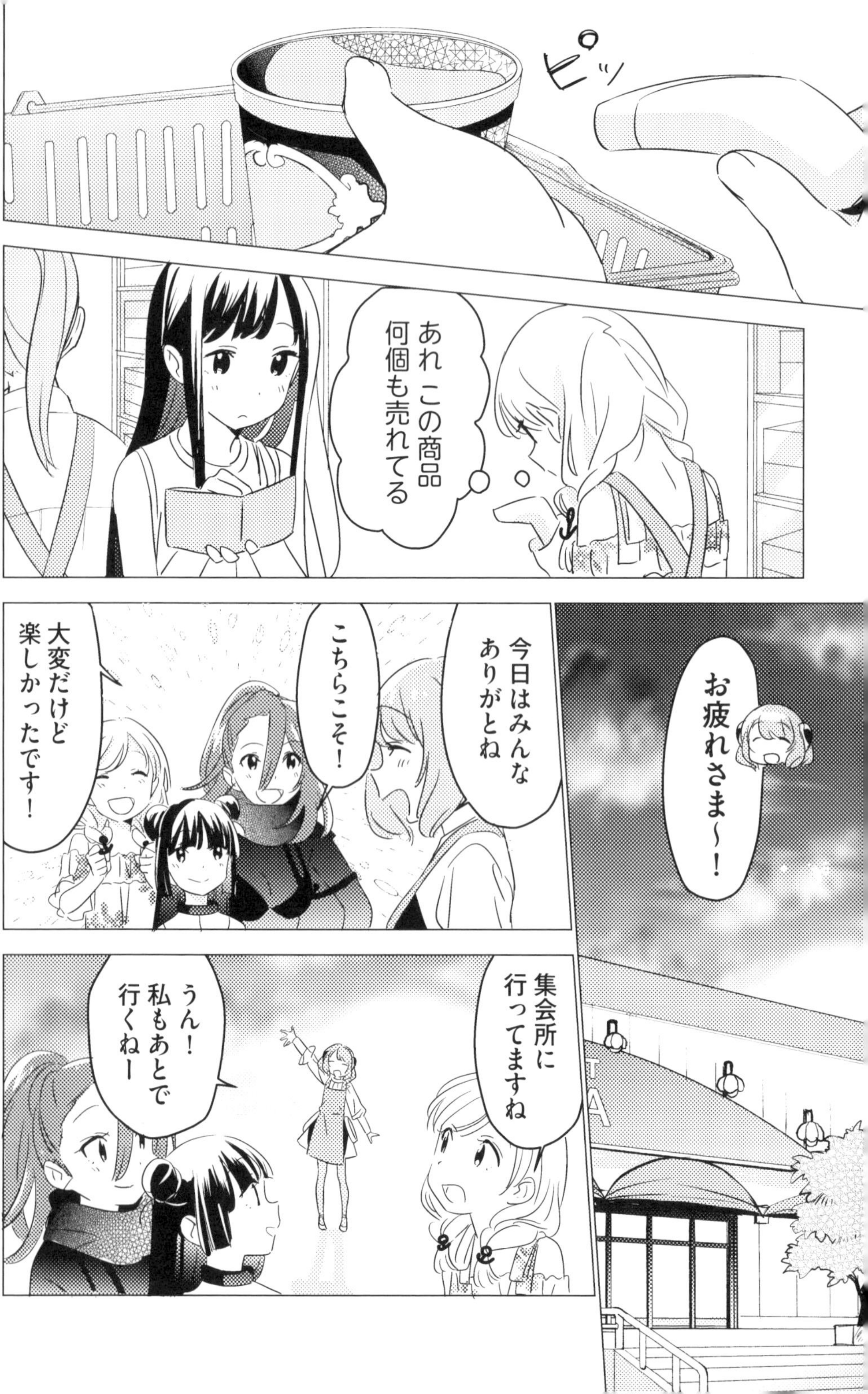
ピッ
あれ この商品
何個も売れてる
お疲れさま〜！
今日はみんな
ありがとね
こちらこそ！
大変だけど
楽しかったです！
集会所に
行ってますね
うん！
私もあとで
行くねー

で どうだった？
午後から観察
してたでしょ
えっと キャラクターが
プリントされたパンとか
よく売れてました
それから
外国の人が
化粧品とか
いっぱい買って
たっけ！
あとは…
ふむふむ
思ってたより
気になる会社が
いっぱいある…
うーん
資金は
限られてるし
まずは どの会社の
株を買うか
絞っていこうか

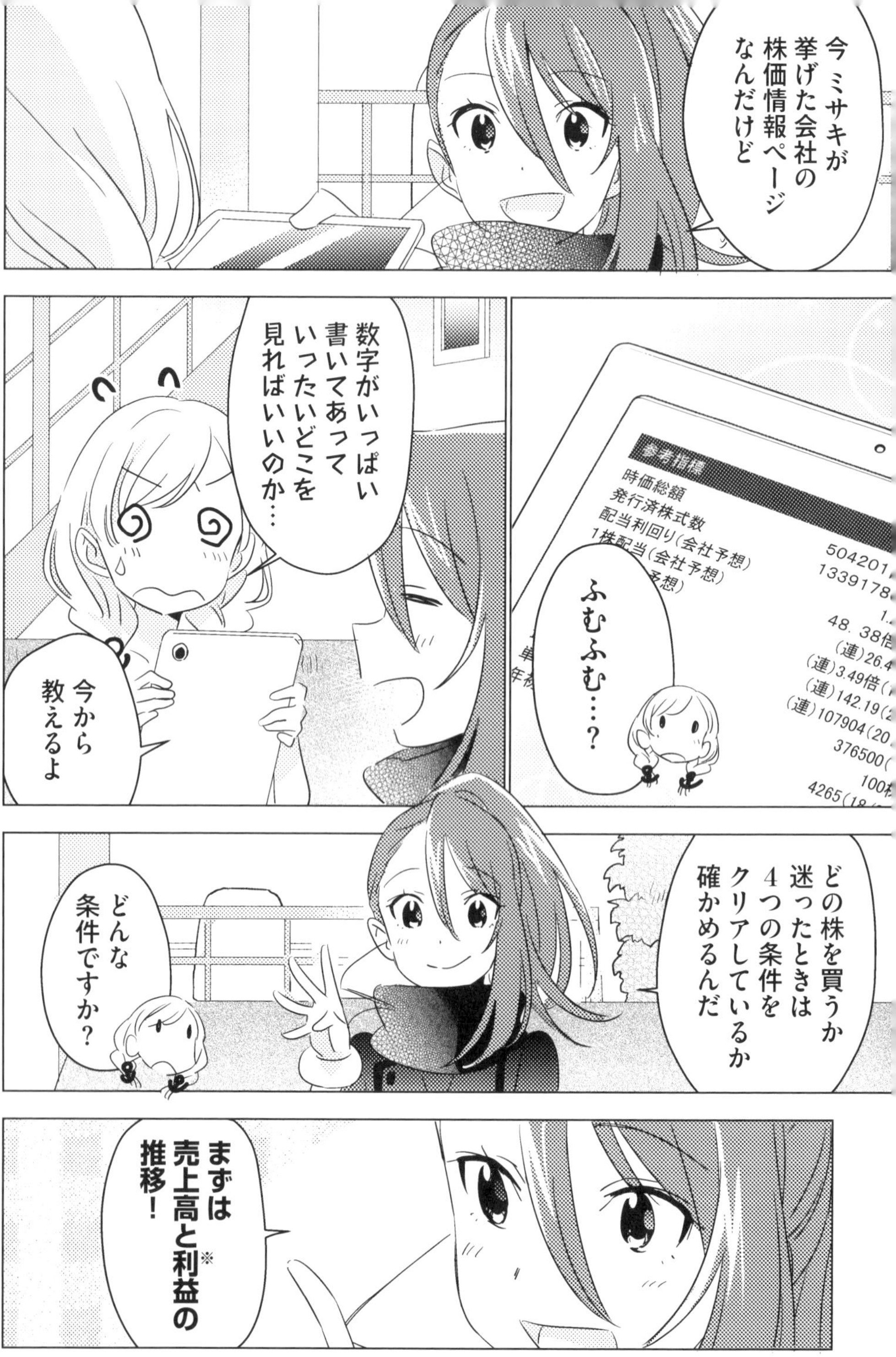

※ここでいう利益とは「純利益」のこと

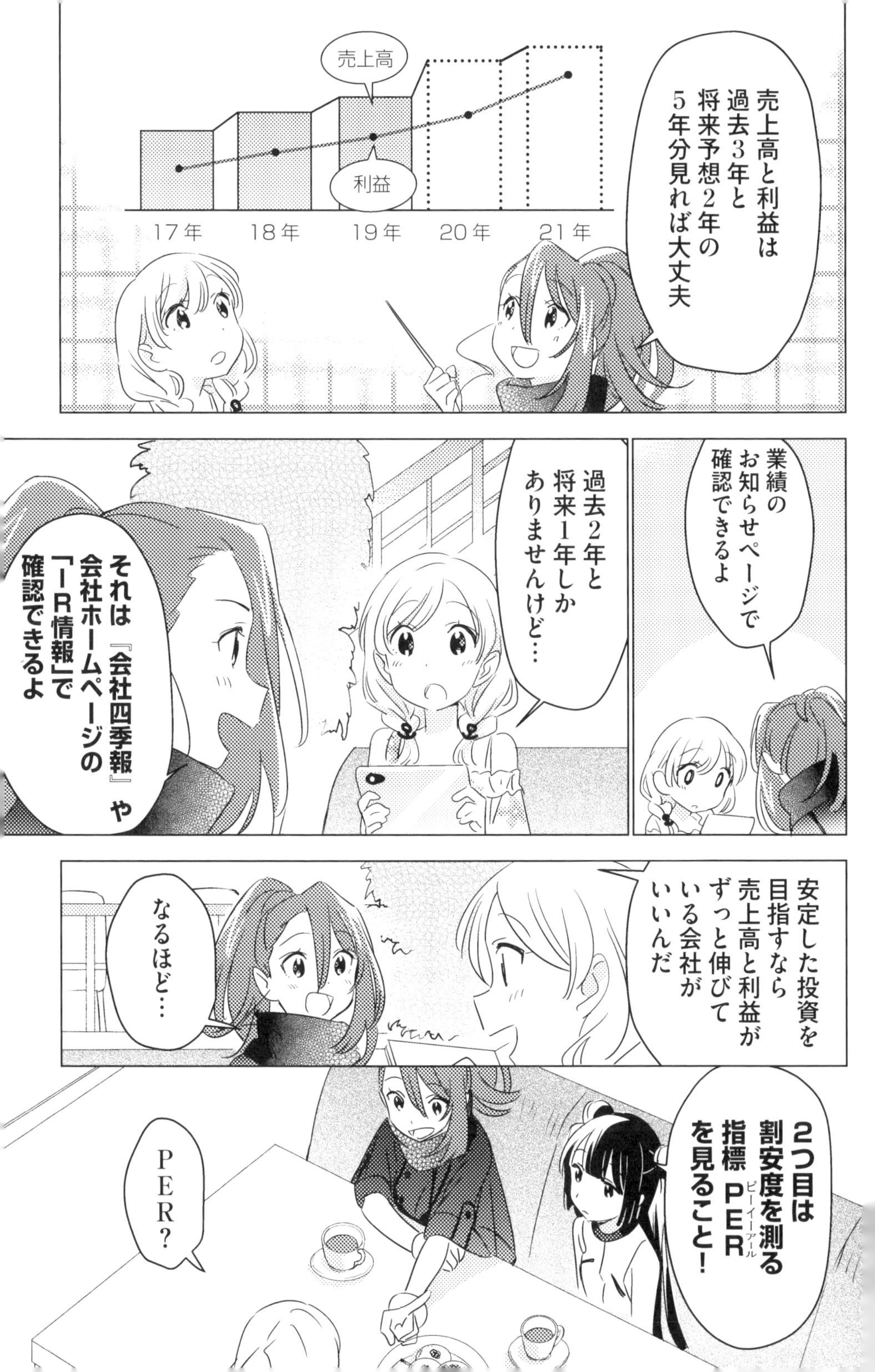
売上高
利益
17年
18年
19年
20年
21年
売上高と利益は過去3年と将来予想2年の5年分見れば大丈夫
業績のお知らせページで確認できるよ
過去2年と将来1年しかありませんけど…
それは『会社四季報』や会社ホームページの「IR情報」で確認できるよ
安定した投資を目指すなら売上高と利益がずっと伸びている会社がいいんだ
なるほど…
2つ目は割安度を測る指標PER《ピーイーアール》を見ること!
PER?

Price Earnings Ratio の略で 訳すと「株価収益率」だね
利益に対して株価が上がりすぎていないかを見るんだ
一般的には15倍以下が割安の水準＝買ってもいい株と覚えておいて
1500円
PER
＝現在の株価
÷1株あたりの利益(EPS)
＝1500円÷100円
＝15(倍)
15倍
100円
現在の株価
1株あたりの利益（EPS）
※ EPS ＝当期純利益÷発行済株式総数
はい
会社の予想値や中期計画『会社四季報』とかを使って
今期(予想)来期(予想)の2年分を見ればいいからね
ただしPERは売上や利益が激しく変動する企業ではあまり参考にならない
ふむふむ

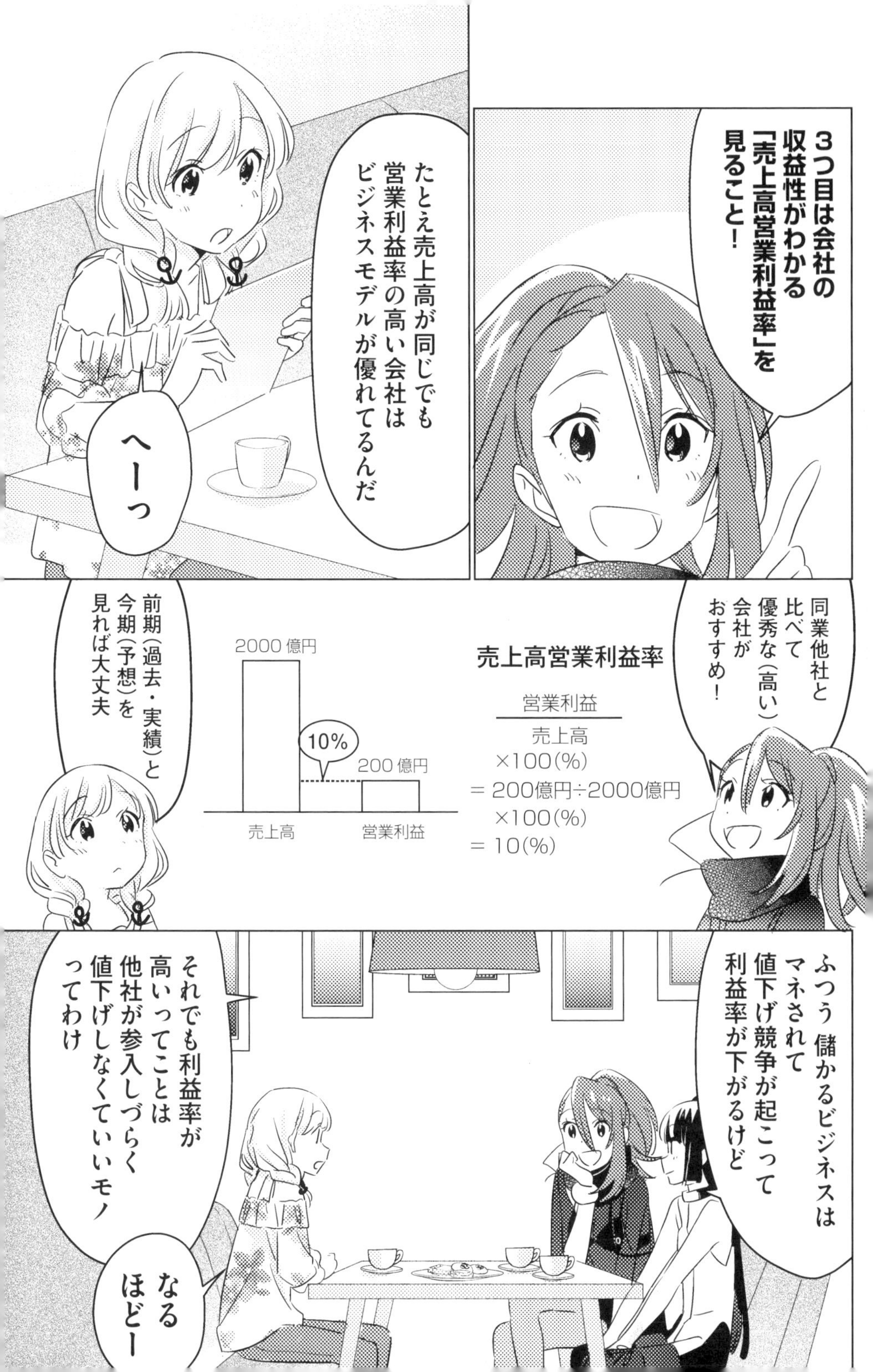
3つ目は会社の収益性がわかる「売上高営業利益率」を見ること！
たとえ売上高が同じでも営業利益率の高い会社はビジネスモデルが優れてるんだ
へーっ
同業他社と比べて優秀な（高い）会社がおすすめ！
売上高営業利益率
営業利益
売上高
×100（%）
＝ 200億円÷2000億円 ×100（%）
＝ 10（%）
2000億円
10%
200億円
売上高
営業利益
前期（過去・実績）と今期（予想）を見れば大丈夫
ふつう 儲かるビジネスはマネされて値下げ競争が起こって利益率が下がるけど
それでも利益率が高いってことは他社が参入しづらく値下げしなくていいモノってわけ
なるほどー

一方で利益率の
低い会社は
ちょっとしたことで
赤字になる
人件費や光熱費
材料費とかの高騰で
利益が吹っ飛ん
じゃうからね
ヒョイ
カトレア
さん！
そして最後に
無理な借金経営を
していないか
「自己資本比率」を見るのよ
これは
純資産（資本）÷
総資本（純資産＋負債）
で求められる
一般的には
自己資本比率
30％以上が
望ましいわね
30％
以上
負債
純資産
総資本
これは
直近の数値だけ
見ればいいわ

ただし自己資本比率は業種によって差が大きい（金融系はとくに低い）から
同業他社と比較して高いっていうのでもいいかもな
①売上・利益が伸びている ②PERが15倍以下 ③売上高営業利益率が高い ④自己資本比率が30％以上の会社かあ
あ！
ここなんてどうですか？
うん いいんじゃない？
そうですね
…よーし！

銘柄選びに外せないポイント

投資の王道を身につけよう

儲かる株の条件をシンプルに表すと、時間経過とともに、利益が順調に増えていく会社です。このような株は、**買ったまま放っておいても株価が上がっていきます**。これが投資の王道です。ここでは、そのような株に当てはまる条件を見ていきましょう。

ポイントは、①売上高と利益、②PER（株価収益率）、③売上高営業利益率、④自己資本比率です。

儲かる株の4つの条件

①**売上高と利益**……売上高は利益の源泉で、これが伸びていないと利益が継続的に伸びることはむずかしいのです。具体的には、売上高と利益が毎年5〜10%程度伸びていく会社が望ましいでしょう。

②**PER（株価収益率）**……利益に対して株価が割安かどうかわかります。割安に買ったほうが株価の上昇余地が期待できるので注目の指標です。

③**売上高営業利益率**……会社の収益率がわかります。この数値が高いと、効率的に営業利益を稼いでいて、良質なビジネスモデルを展開しているといえます。同業他社との比較に適しています。

④**自己資本比率**……財務の健全性がわかります。数字が低いと借金の割合が多いことになり、一般企業では30%以上が望ましいといえます。

銘柄選びに必要な４つの条件

その１　会社の業績　重要度★★★
売上高と利益が伸びている

• どういうこと

売上高は利益の源泉で、これが伸びていないと利益を継続的に伸ばすことはむずかしい。順調に伸びている会社は投資先として魅力的。

• どうなっていればいい？

過去３年と将来予想２年の計５年間、毎年５～10％程度、安定的に売上高や利益が伸びている会社が望ましい。

• 注意点

売上高が毎年20～30％も伸びている急成長の会社は要注意。
高成長を何年も続けることはむずかしく、成長が鈍化したときに株価が大きく下がる可能性がある。

その２　割安度　重要度★★★
PER15倍以下

• どういうこと

PER（株価収益率）は「株価÷１株あたりの利益」で計算される。PERの数値が低いほど、利益から見た株価は割安といえる。

• どうなっていればいい？

PERの数字が低いほど割安といえる。一般には、PER 15倍以下が割安とされる。今期予想、来期予想の１株あたりの利益を使って算出する。

• 注意点

PERが低い会社は、人気がない会社ともいえる。その理由に、成長性が低い可能性がある。せっかく割安で買っても、ずっと株価が上がらないこともあるので、売上高や利益などで成長性もあわせて確認する。

その３　収益率　重要度★★☆
売上高営業利益率が高い

• どういうこと

営業利益を売上高で割ることにより、本業の利益を効率的にきちんと出せているかがわかる。

• どうなっていればいい？

同業他社と比較して高いほうが、ビジネスの優位性が高いことになる。また徐々に営業利益率が改善している会社が望ましい。
前期（過去・実績）と今期（予想）の２年間を見ればいい。

• 注意点

営業利益率が高い会社はビジネスをマネされることがあり、価格競争に陥ることがある。
営業利益率が徐々に落ちている会社は、値下げ合戦などで、ビジネスの優位性がなくなっているおそれがある。

その４　財務健全性　重要度★★★
自己資本比率30％以上

• どういうこと

自己資本比率とは、「純資産（資本）÷総資本（純資産＋負債）×100」で計算する。無理な借金経営をしていないか、倒産の確率は低いかが判断できる。

• どうなっていればいい？

直近の数字で30％を超えていれば、とりあえず安心できる。
高い数字のほうが、借り入れが少なく自己資本が多いため、「財務健全性が高い＝倒産の可能性が低い」といえる。

• 注意点

業種によって差がある。とくに金融系（銀行や不動産業）は借り入れした資金を元手に事業を行うため、自己資本比率は低くなる。10％を切ることもあるが問題ない。

『会社四季報』を活用しよう

会社の概要がわかる『会社四季報』

日本にはたくさんの株式会社がありますが、そのほとんどには投資できません。なぜなら、株式を公開していないからです。このような会社を「非上場会社」と呼びます。そして、私たち個人投資家が投資できるのは、いわゆる「上場会社」です。

上場会社は約３６００社あり、その中から投資先を選んでいきます。**これらの情報は東洋経済新報社が発刊する『会社四季報』という書籍にまとめられており、気になった会社をさらに詳しく調べたいときに便利です。**

『会社四季報』は「投資家のバイブル」とも呼ばれ、絶大な人気があります。「事業内容、最近の業績や今後の見通し、株主構成、株価や配当金の推移」など、**投資に必要な会社情報がコンパクトにまとめられています。**全部で２０００ページ以上ありますが、なかには全ページを〝通読〟するツワモノ投資家もいます。

投資すべきかアタリをつけられる

一から投資先の情報について自力で調べるとなると大変な作業になります。『会社四季報』を見て、投資先として魅力があるか、ある程度アタリをつけるのもいいでしょう。

ただし、『会社四季報』に書かれている「予想値」とは、あくまでも制作担当者の予想値です。実際とは違うこともあると心得ておきましょう。

『会社四季報』はとっても便利

●『会社四季報』にある情報 ※内容は変わる場合があります

『会社四季報』とはすべての上場企業の情報を掲載したもので、東洋経済新報社が発行。年４回の決算期に合わせて発刊。

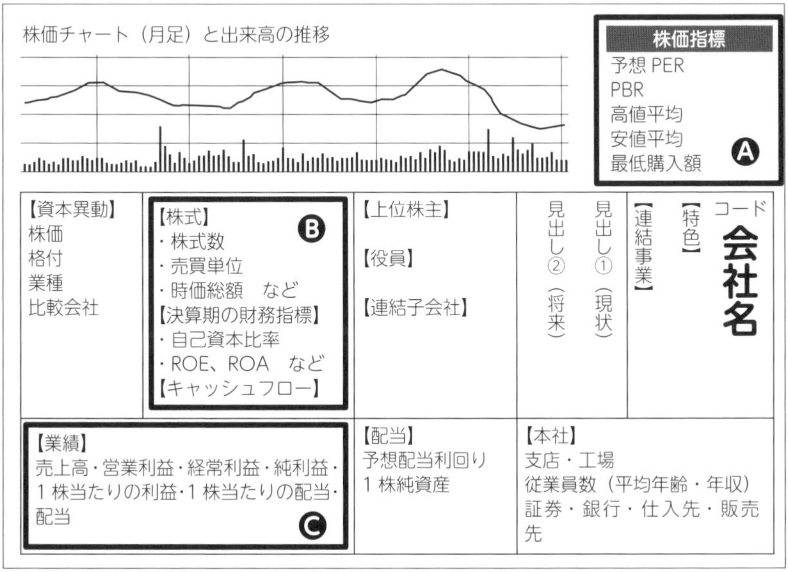

Ⓐ PER が載っている

Ⓑ自己資本比率が載っている

Ⓒ売上高や利益などが載っている。売上高営業利益率はここにある情報から、自分で計算してみよう

※また、会社のホームページの「株主・投資家の方へ」などのコーナーにある決算書などにも数字情報はあります。

●ほかにもある銘柄選びに使えるツール

・マネー誌
・個人投資家のブログ
・ツイッターなどの SNS
・証券会社のスクリーニング機能
　など

注意
たんにこれらの情報をあてにするのではなく、本当にいい投資先なのか、必ず自分で検討してください

7412
三原電機
東証
数量
価格
執行条件
口座
手数料
株価や発行会社の財務状況悪化、及びそれに対する外
※インサイダー規制の注意事項
戻る
大特価
¥780

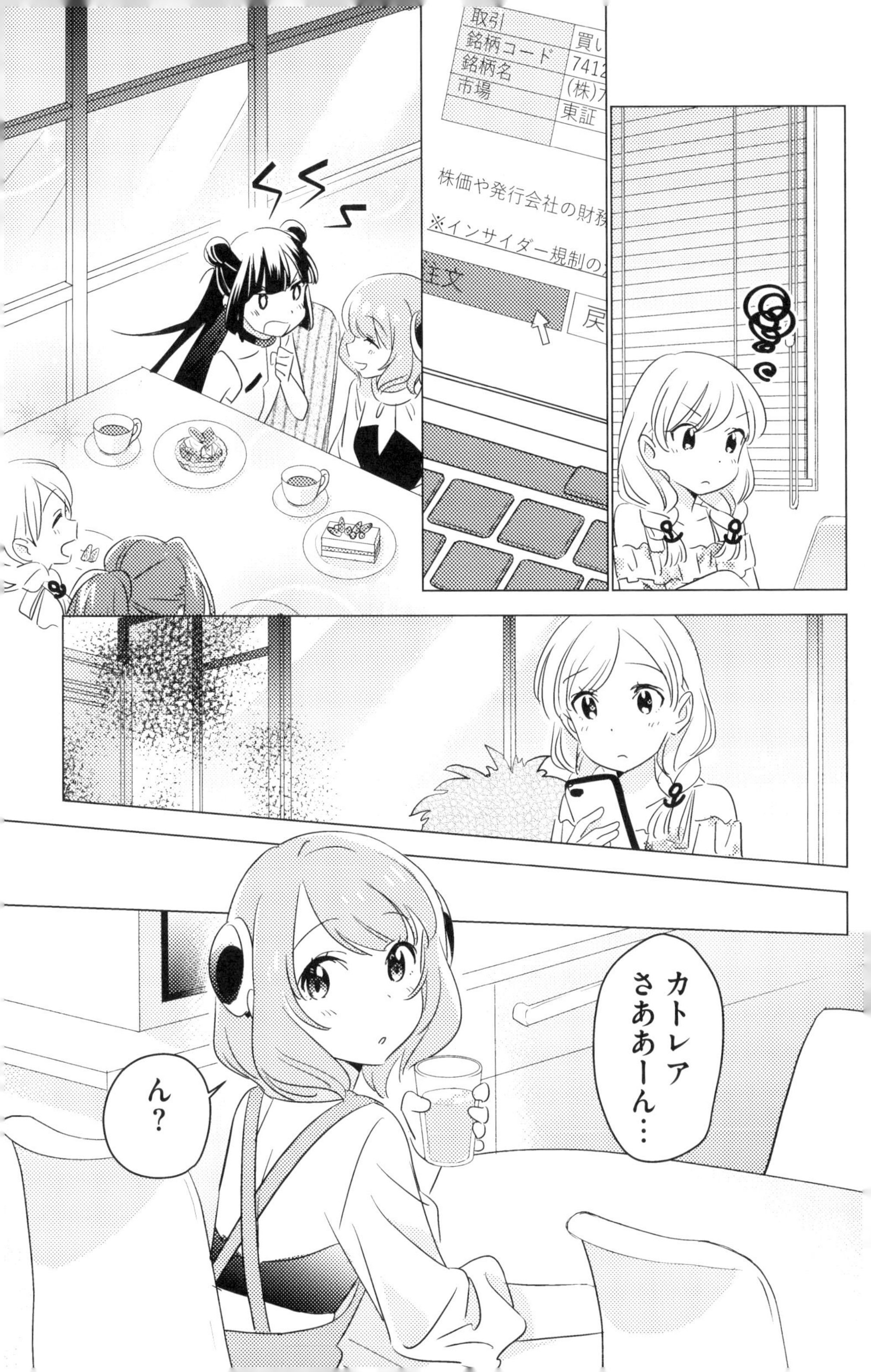
取引
銘柄コード
買い
銘柄名
7412
市場
(株)
東証
株価や発行会社の財務
※インサイダー規制の
注文
カトレアさああーん…
ん？

ずーん
どうしたのミサキちん?
そういえば最近元気ないよね
すと
お茶のむ?
株を買うのは抵抗がなくなってきたんですけど
いざ売ろうとするとまだ上がるんじゃないかと思って
ぜんぜん売れないんですーっ!!
ばたーん!!
……
がくっ

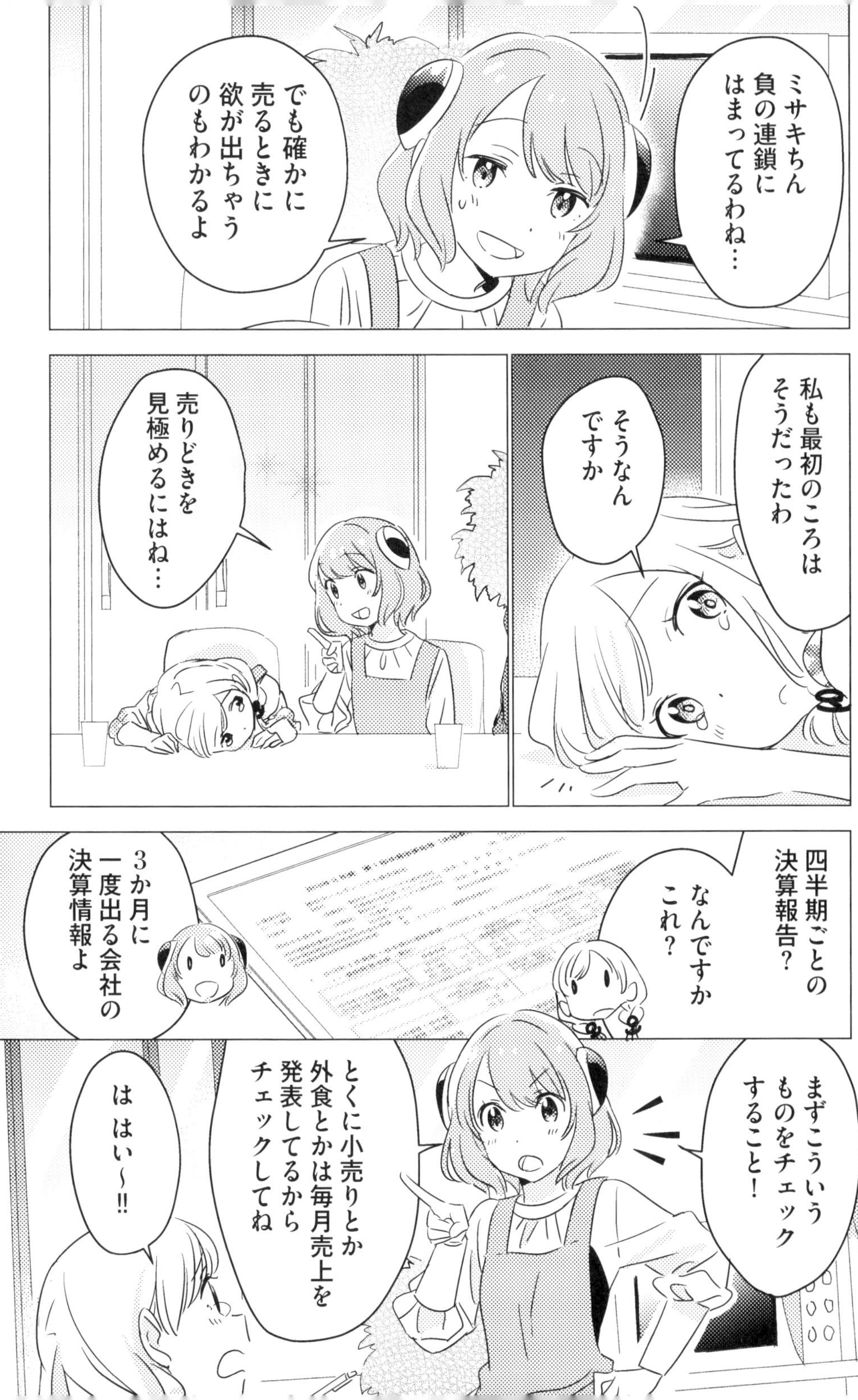

ミサキちん負の連鎖にはまってるわね…
でも確かに売るときに欲が出ちゃうのもわかるよ
私も最初のころはそうだったわ
そうなんですか
売りどきを見極めるにはね…
四半期ごとの決算報告？
なんですかこれ？
3か月に一度出る会社の決算情報よ
まずこういうものをチェックすること！
とくに小売りとか外食とかは毎月売上を発表してるからチェックしてね
は はい～!!

もし売上が落ちていて
それが一時的でなかったり
株価が急騰して
明らかに割高に
なったりしている場合は
売ることも考えなきゃ!
いい?
ミサキちん
株は売って初めて
利益が確定する
んだよ!
そのことを
忘れないでね
はい!
カチ
カチ
うーんと
じゃあ
これとこれは
売って…
あの…
みんなも最初は
売るときに迷う
ものなんですか?

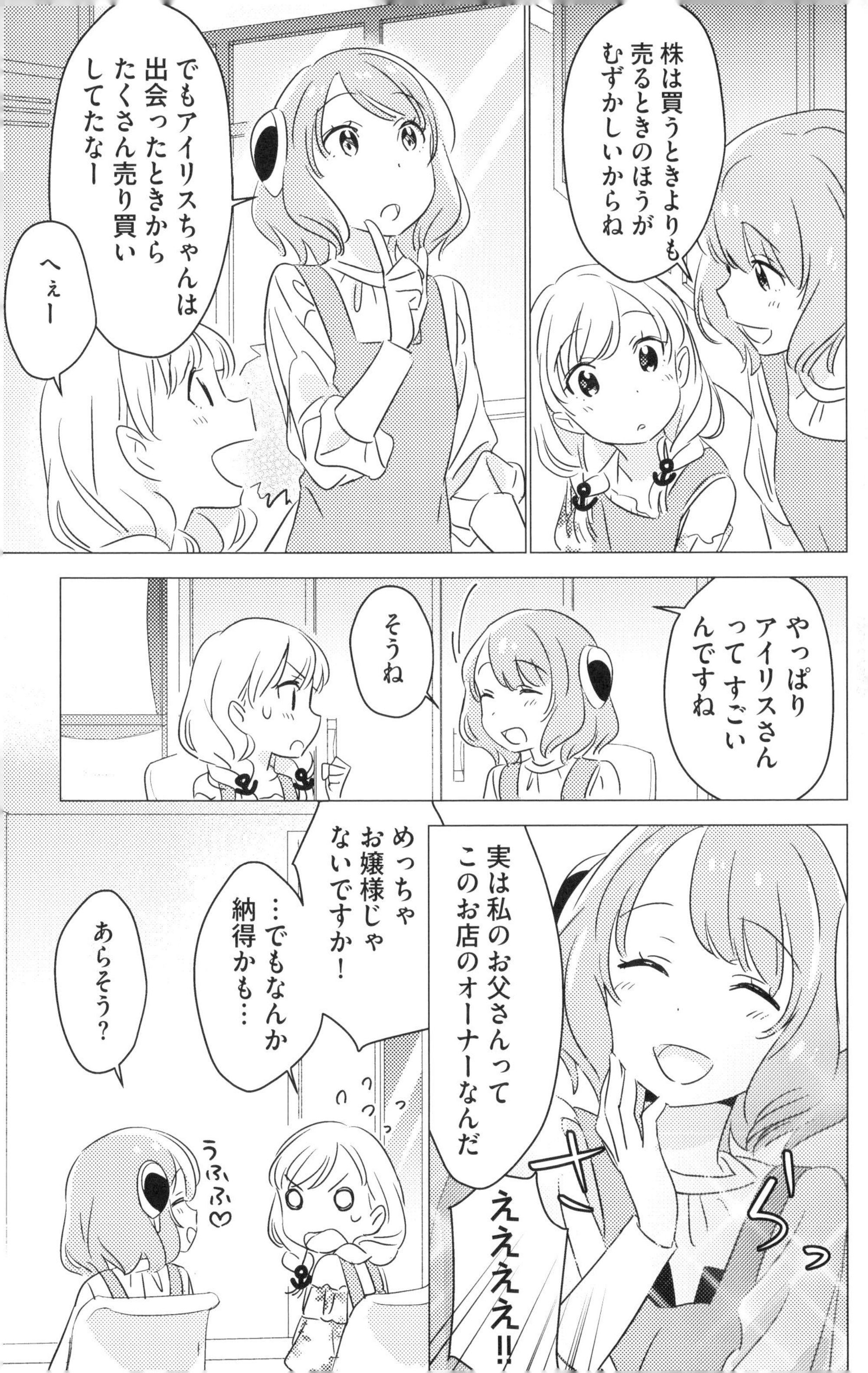
株は買うときよりも売るときのほうがむずかしいからね
でもアイリスちゃんは出会ったときからたくさん売り買いしてたなー
へぇー
やっぱりアイリスさんってすごいんですね
そうね
実は私のお父さんってこのお店のオーナーなんだ
さらっ
えええええ!!
めっちゃお嬢様じゃないですか!
…でもなんか納得かも…
あらそう?
うふふ♡

まあ…それでね 学生のころは 両親に言われて いろいろ習いごとを やってたんだけど
正直どれもぜんぜん 楽しくなくてね…
そんなとき 泣きながら 集会所から出てきた アイリスちゃんに 偶然出会ってね
へーっ
泣いてる アイリスさんって ぜんぜん想像 できないです…
でしょー
また負けたー！ とか明日は絶対 勝ってやるとか 言って
でもすごく 真剣な目をしててね
なんだかそれに 不思議と惹かれたの
それで私から 声をかけて 株を教わったのよ
…で今に至る♡
そうだったん ですね

私は株をやりながら
会社の経営についても
少しずつ勉強してるの
いつか
この会社を継いで
大きくしたいからね
カトレアさんなら
きっとすごい社長に
なります！
そのときはゼッタイ
株買いますね！
もちろん買いの
条件はちゃんと
チェックして！
ふふ
そうなるように
頑張ります♡
ミサキちんも
早く村が
元気になると
いいわね！
ありがとう
ござい
ます!!
ブーッ
ブーッ
母
着信中
スライドして
ブーッ
ブーッ

売りどきのタイミングも重要

売りどき①……売上高が落ちている

まず、売上高が悪くなっているようだったら売却を検討しましょう。わかりやすい例が、外食産業や小売業の月次報告です。毎月、前年同月比の売上高が発表されますが、いわゆる既存店売上高が１００％を割ったら黄信号です。これまでのようにお客さんが来なくなったり、買わなくなったりしていることを意味しています。消費者の飽きや時代のニーズに合っていないなどの理由で、**今のビジネスモデルが通用しなくなっているおそれがあります。**

ただし、台風や猛暑といった一時的な要因で売上が落ちている場合は、あわてて売る必要はありません。売上高が回復する可能性も十分にあるので、しばらく様子を見ましょう。

売りどき②……割高になった

株価が上昇し、割高になったときも売却を検討しましょう。割安度を測る指標にＰＥＲ（株価収益率）があります。たとえば「ＰＥＲ15倍で買った株は、20倍以上、もしくは25倍以上になったら売る」などと、あらかじめ自分でルールを決めておくのもいいでしょう。

理由にもよりますが、一時的に急騰したとしても、上がる前の株価へ戻ってきてしまうことがあります。中長期的には、株価は本来の価値に収束する性質があります。**会社の実力以上に株価が上がっていると感じたら、いったん売却して利益確定をしましょう。**

売りどきのタイミング

●売上高がどんどん落ちている

・3か月に一度発表される四半期決算でチェック（『会社四季報』などを使うと便利）。
・毎月、売上高を発表している会社は、それをチェック。外食産業や小売業などは既存店売上高の前年同月比を見るとよい。

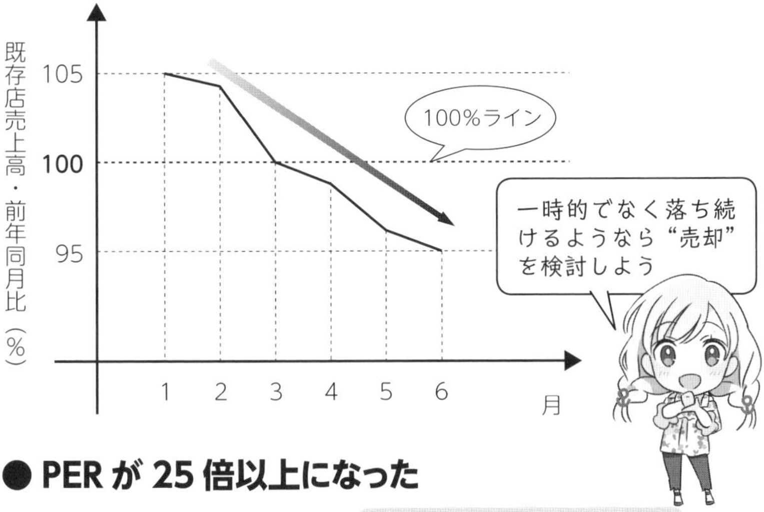

● PER が 25 倍以上になった

株価　**1000円**
1株あたりの利益　**39円**
の場合

PER＝1000円÷39円
＝25.64…… 倍

会社本来の実力以上に
株価が上がってしまっている

↓ **株価高騰**

今後株価は上がりにくくなり、下がる時には急落する可能性がある

3rd クエストのまとめ

1 株価のチャートは「ローソク足」で成り立っている

▶ その日に株価が上がって終わったら「白（赤）のローソク足」になる（陽線：日足の場合）。

▶ その日に株価が下がって終わったら「黒（青）のローソク足」になる（陰線：日足の場合）。

▶ 陽線が多く、チャートが右肩上がりのとき、株価は上昇していることが多い（上昇トレンド）。

▶ 陰線が多く、チャートが右肩下がりのとき、株価は下降していることが多い（下降トレンド）。

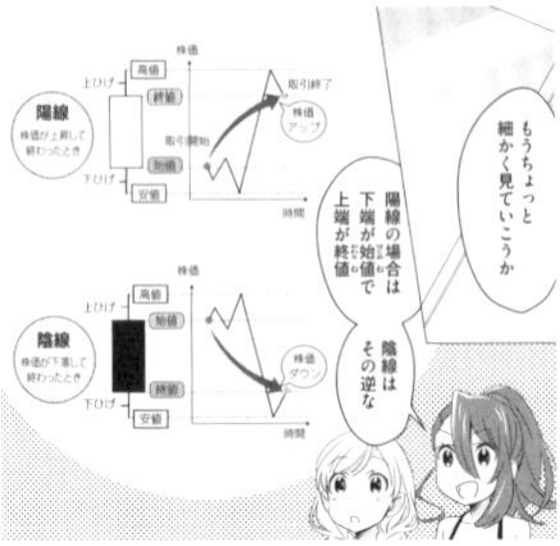

2 ローソク足のほかに「移動平均線」でもトレンドがわかる

▶「移動平均線」とは、過去一定期間の終値の平均値を結んだもの。

▶ 移動平均線が上昇・下降しているのを見ることでもトレンドがつかめる。

4th クエストのまとめ

1 良い銘柄を選ぶには 4 つのポイントがある

▶「売上高と利益」が伸びている。

▶「PER（株価収益率）」が 15 倍以下である。 企業の実力に対して株価が安いときは、値上がりの可能性が期待できる。

▶ 同業他社よりも「売上高営業利益率」が高い。 利益を効率よく出している。

▶「自己資本比率」が 30％以上。無理な借金経営をしていないレベル。

▶ これらは『会社四季報』や企業のホームページにある投資家向け情報、証券会社や金融サイトのスクリーニング機能からわかる。

2 「売上」が落ち続けていたり「割高」になったりしたら、売却を考える

▶「売上」は、おもに企業が 3 か月ごとに出している四半期決算などでチェックする。

▶「割高」を判断するには、たとえば割安感を測るPERが 20 倍以上、もしくは 25 倍以上になった。

LAST クエスト

こんな投資はリスクが高い！

ただいま!
ガラ
ガラ
ガラッ
お母さん!
お父さんは?
大丈ぶ…
おーミサキ
しばらく
だな!
えっ
あれ⁉
お父さん
大ケガしたって

たはー
この足見てくれよ
漁してるとき船が波に煽られて転んじまってな
でも1か月も安静にしてればまた海に出られるみたいだからよ
どうってことないさガッハッハ
げっそり
はぁ…
ごめんね…どうしてもミサキに会いたくて大げさに言っちゃった
ぞ
ええーっ
だって
ミサキったらぜんぜん帰ってきてくれないんだもの
ろくに連絡もくれないしちゃんとやっていけてるの？
うっごめん
でもそう言ってくれればちゃんと帰ってくるから
ね？
わかったわ…

そうだ ミサキの好きな しめ鯖のなますが あるわよ
食べて いくでしょ？
わーい！
そうそう 私ちゃんと 株やってるよ！
教えてくれる 友達が できてね
アイリスさんと カトレアさん プラムちゃん
一緒に遊んだり もしててね
そんないい人が いるのね
ミサキのことだから うまい話に騙されて るんじゃない かと思ったぞ
うっ
じつは騙され かけたのを 助けて くれて…

じゃあ 行くね！
おう！
気をつけてな
ミサキ
ひとりで 抱え込まないで
辛いことが あったら いつでも帰って きていいのよ
ミサキの周りには 優しい友達が いるみたいだから 大丈夫さ
うん！ 行ってきます！

そういえば 株価はどう なってるかな?
ここ2、3日 バタバタしてて ぜんぜん確認 できなかった
1600
って えーー!!
すみ ません…
どうしよう すごい下がってる…

ちょっと目を離してた間に…
下がりすぎてて売るにも売れないしどうしよう…！
次はー ビートルタウン
はい
あ ミサキ？
もう戻ってるの？ 今カトレア達といてさ
ご飯一緒に行かない？

お待たせしました!
オムライスの
お客様ー
それにしても
よかったね
お父さん
大事なくて
ありがとうございます
松葉杖はついて
たんですけど
すぐに取れるって…
お待たせ
いたしました
ぱっ
ハンバーグ
プレートのお客様ー
むー…
…おーい
ミサキ?

はい？
来てるよ
あっ！
すいません！
……
ハマってるな
どん
確かに
ハマってるわね
でもそれは
仕方のないこと
はぁー
ハマるって
何に？
¡PIYO!

今ミサキは気づかないうちにリスクの高い投資方法をしてるんだよ
このままじゃ資金がなくなるかもしれません
えー！
ガタッ
どうしたらいいんですか!?
まあまあ落ち着いて
まずは株価を頻繁にチェックするのをやめよう！
株価の上がり下がりだけを気にしてても意味ないしね
株価が動いた原因を探らなきゃ
まずは会社のホームページで業績に対して悪い情報が出てないか確認してみよう

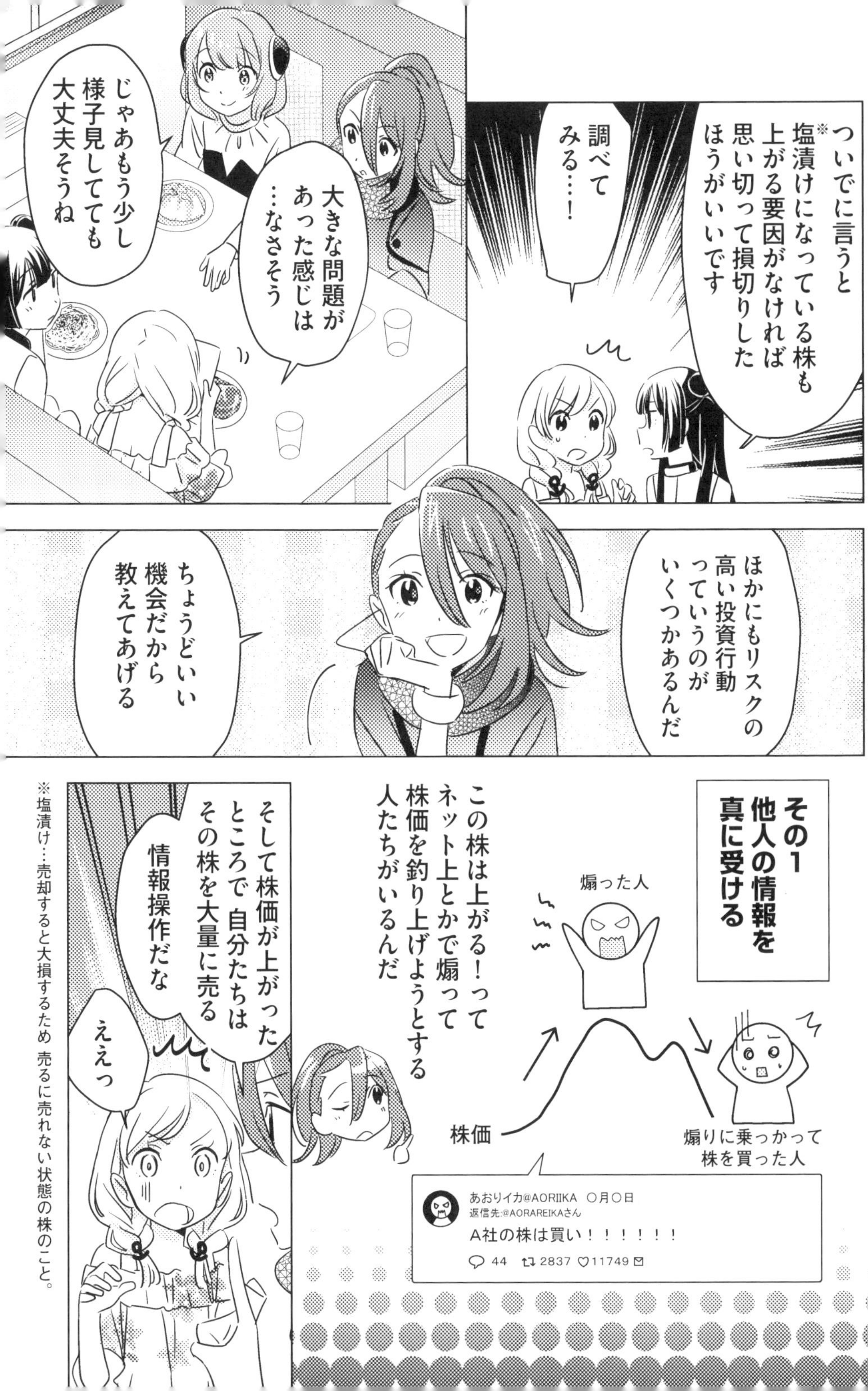

※塩漬け…売却すると大損するため 売るに売れない状態の株のこと。

そんなことする人がいるんですか…
まあね…
影響力を持ってる人が注目してる株は買いなんじゃないか…
って思ってしまうのも心理だからね
実際それで株価は一瞬上がるしね
あくまで購入すべき株は自分の目で確かめること！
はい！
その2
信用取引でレバレッジ地獄に
信用取引といってたとえば…

100万円を証券会社に預けるとその約3倍の300万円分まで株を買うことができるの（64ページ参照）
預けたお金の約３倍分の取引ができるようになる
少ない元手で大きなお金を動かせる
へー
てこの原理みたいですね
うまく使えば便利なんだけどね
勝てば手持ち資金の3倍儲かるけど負ければ損失が3倍になるってこと
ぞーーっ
ひぇー
その3
証券会社の目標価格やレーティング（格付け）に注意
こういうページを見たことないですか？
これ参考にしてた…
ドキッ
ダダメなの？
ダメとは言いませんが

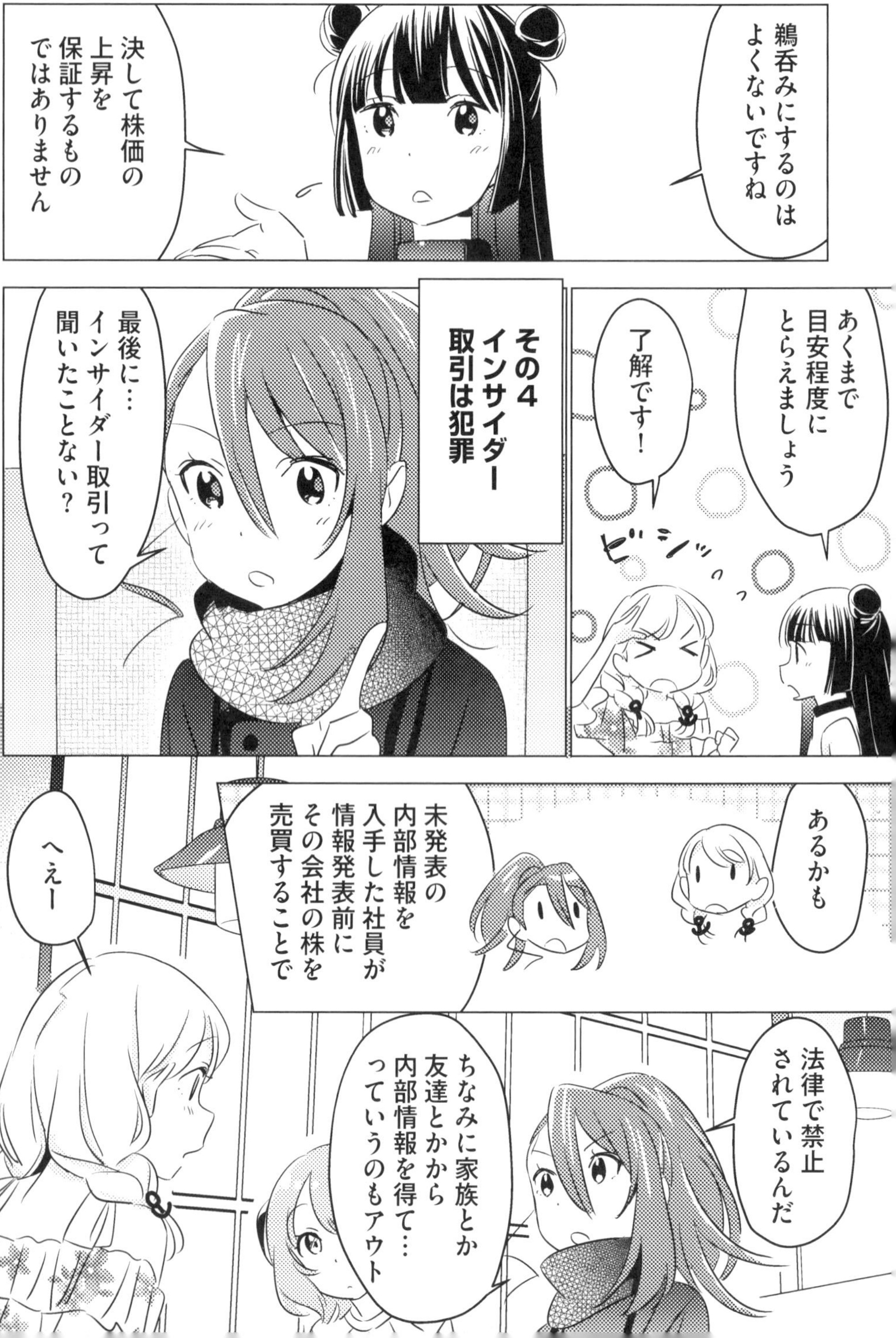
鵜呑みにするのはよくないですね
決して株価の上昇を保証するものではありません
あくまで目安程度にとらえましょう
了解です！
ビシッっっ
その４
インサイダー取引は犯罪
最後に…インサイダー取引って聞いたことない？
あるかも
未発表の内部情報を入手した社員が情報発表前にその会社の株を売買することで
法律で禁止されているんだ
へえー
ちなみに家族とか友達とかから内部情報を得て…っていうのもアウト

リスクについては以上かな？
そうね
みなさんありがと…
ござっ…
あれ…
ぽろっ
ぽろ
ぽろっ
すいません…
ミサキさん…
アイリスさんたちが一生懸命教えてくれたのに
私 ぜんぜんうまくできなくて
また失敗しちゃうかもしれないし…
情けないです…
うああんっ
ミサキ…

すっ
アイリスさん?
初めからうまくいく投資家なんていないよ
今はプロの投資家だって最初は素人だったんだから
私だってそうだし
カトレアもプラムもね
そうですよ

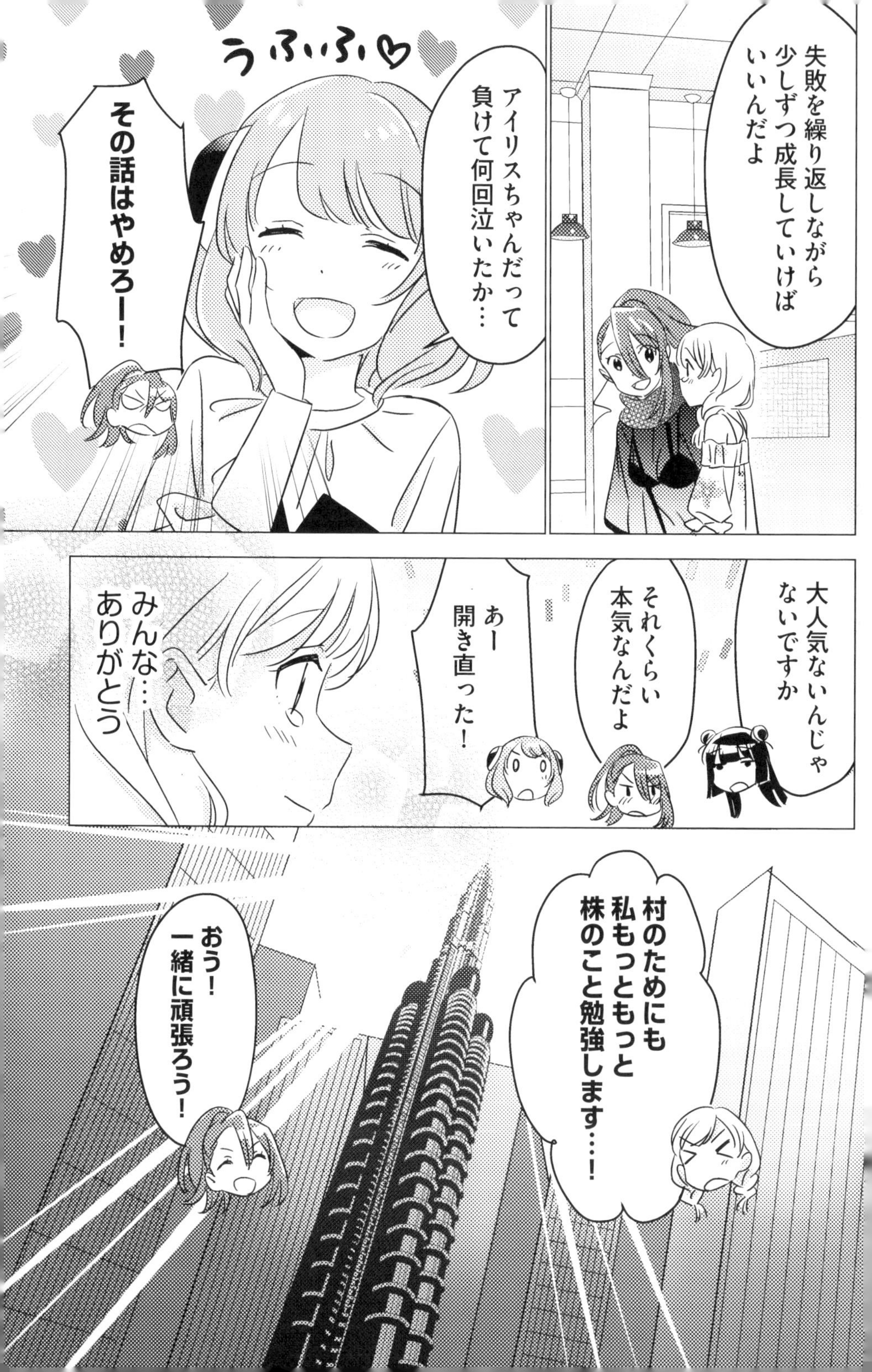

失敗を繰り返しながら少しずつ成長していけばいいんだよ
アイリスちゃんだって負けて何回泣いたか…
うふふ♡
その話はやめろー！
大人気ないんじゃないですか
それくらい本気なんだよ
あー開き直った！
みんな…ありがとう
村のためにも私もっともっと株のこと勉強します…！
おう！一緒に頑張ろう！

なぜ、株価は下がるのか

一時的な下落は買いどきでもある

株式市場が開いている間は、株価は変動します。とくに大きなニュースがなくても日々変動しますが、大きな下落があった場合、必ずその理由を確認しましょう。たとえば、次のような事例があります。

①収益（売上高・利益）が下がった
②類似企業の決算が悪かった
③地震等の天災により被害を受けた
④新株が発行されて株の価値が落ちた
⑤市場全体の下げに連動して下がった

なぜ株価が下がっているのかを検討して、「業績に与える影響が大きい」と判断した場合や「（一時的ではなく）継続的に業績の不調が続く」とした場合は、売却を検討しましょう（126ページも参照）。

逆に業績への影響が小さく、一時的な下落と判断した場合、株価が割安で、購入のチャンスになることがあるので、あわてて売る必要はありません。

事実確認は一次情報でチェックする

大きな株価変動があったときは、**会社の公式サイトや適時開示情報閲覧サービス（東証が運営）のような「一次情報」を確認しましょう。**掲示板やツイッターなどの「二次情報」は、デマや誇張されることがあるので、注意が必要です。

また、非公式な情報が出回っているときは、会社のIR担当者に事実かどうか聞いてみましょう。電話やメールで聞け、ていねいに回答してくれます。

ほかにもある、株価が下がる要因

①業績見通しの下方修正があった

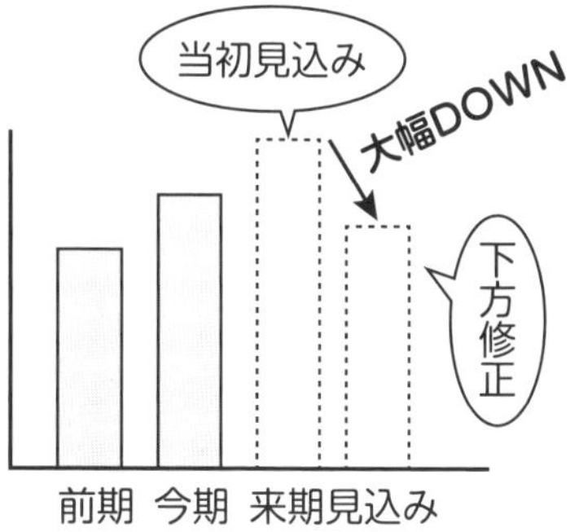

計画より業績が悪いことを会社が発表する。要注意信号

②配当金を無配・減配にする

配当金を減らす理由は、本業による利益が減っている可能性も？

③内部で問題が起きる

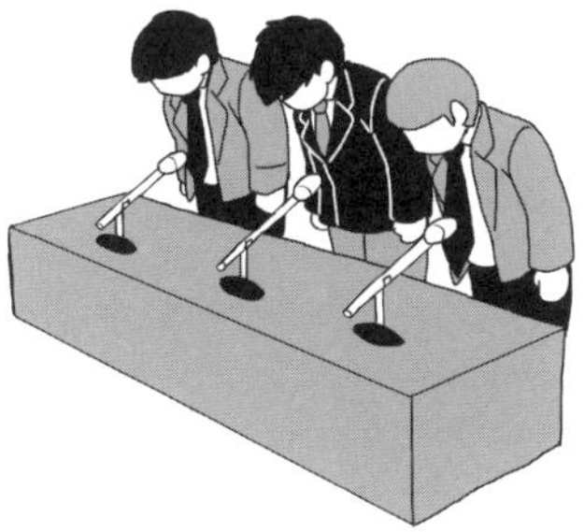

経営トップの不祥事、工場の環境汚染、法令違反などが明るみに

④為替レートの影響を受ける

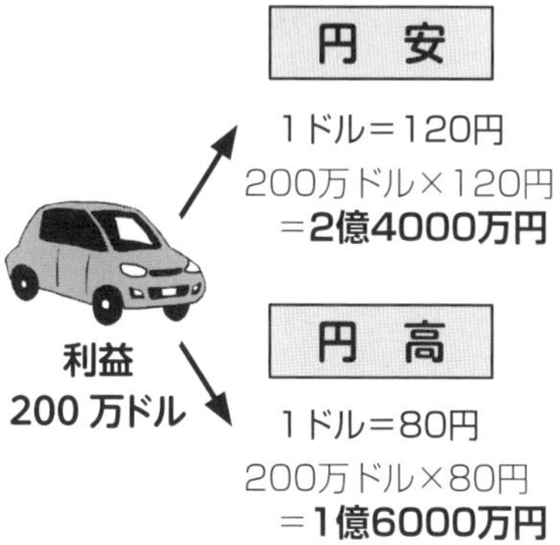

輸出産業は為替レートが円高になると製品の値段が上がってしまう

※株価の変動に対して、びっくりしてあわてて売ることなく、本当に売るべき状態なのかを冷静に見極めよう。

分散投資でリスクを抑える

リスクを減らすことも大切

ここでは株式投資で大きな失敗をしないために、リスクを減らす方法について考えていきます。

資産運用の基本は、**安定的な利回りを長期にわたって継続することです**。これを実践するには「分散投資」の考えが有効です。分散投資を行うことで、急激な資産価格の変化を防げます。

リスクを減らす「3つの分散」

1つ目は「**銘柄の分散**」です。たとえば1つの銘柄に集中投資した場合、うまくいけば一気に資産を増やせます。しかし、失敗したときの痛手は大きく、立ち直れないほどの損失になってしまいかねません。とくに初心者のうちはまだ勝手がわかっていないので、複数の銘柄に分散投資をすることは、いわば基本中の基本です。

2つ目は「**時間の分散**」です。中長期投資は、コツコツと株を買っておいて、最終的に株価が上がっていれば大成功です。できるだけ安く買いたいのが人情ですが、どこが安値になるかわからないので、一度に買わずに、時間を空けて複数回に分けて買いましょう。ドルコスト平均法が有名です。

最後は「**資産の分散**」です。投資先を株に集中させず、ほかの資産も組み入れるという考え方です。たとえば「債券」は、株と異なる値動きをするので、株と一緒に持っておけば、急激に資産価値が下がるリスクを抑えられます。

分散投資の種類

●銘柄を分散して投資

値動きの違う会社に分散することで、リスクを減らせる。一方で、同業種の会社は連動して動くことが多く、分散投資の効果は小さい。

効果のある分散投資例

・輸出型の会社と輸入型の会社
（自動車メーカーと紙パルプ卸企業　など）
・成長性のある会社と安定性のある会社
（ベンチャー企業と電力会社　など）

●株を定額で積み立てる（ドルコスト平均法）

株価が高いときには少なく、株価が低いときに多く購入できる。その結果、株価変動によっては、平均購入単価を下げることができる。

下の図はわかりやすいように 1 株単位にしています
※ 1 万円ずつ 5 回に分けて購入した場合

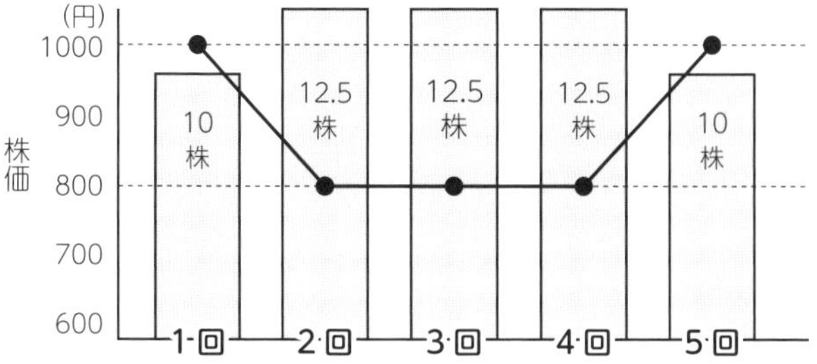

購入株数	10 株	12.5 株	12.5 株	12.5 株	10 株	⇨	57.5 株
購入金額	1 万円	1 万円	1 万円	1 万円	1 万円	⇨	5 万円

合計株数　**57.5 株**
平均単価　**869 円**
（50000 円÷ 57.5 株）
含み益　**7500 円**
（57500 円－ 50000 円）

3年後
カタ
カタ
よしっ
今日の取引終わり！
すっかり
株が私の生活の
一部になって
業界地図 総合版
社会四季報 冬
社会四季報 秋
社会四季報 夏
社会四季報 春
会社四季報
こんなに順調に
取引できるように
なるなんて
想像も
できなかったな

♪
メール受信
お母さんからメール？
これって…！
ってぁーー！もうこんな時間!?
今日は遅れたくなかったのに～！

あ！
遅いわよ～
ミサキちん！
ごめんなさい！
取引に
集中してて
はあ
はあ
株と友達
どっちが
大事ですかっ
ごめん
てばー！
あはは

さて
4人揃ったことだし
お祝いしましょうか♡
はい！
それじゃあ
アイリスちゃん
納税者
ランキングに
ランクイン
おめでとう！
カンパーイ
おめでとう
ございます
ありがとー！
あそこに住める日も
いよいよ近づいてきたね

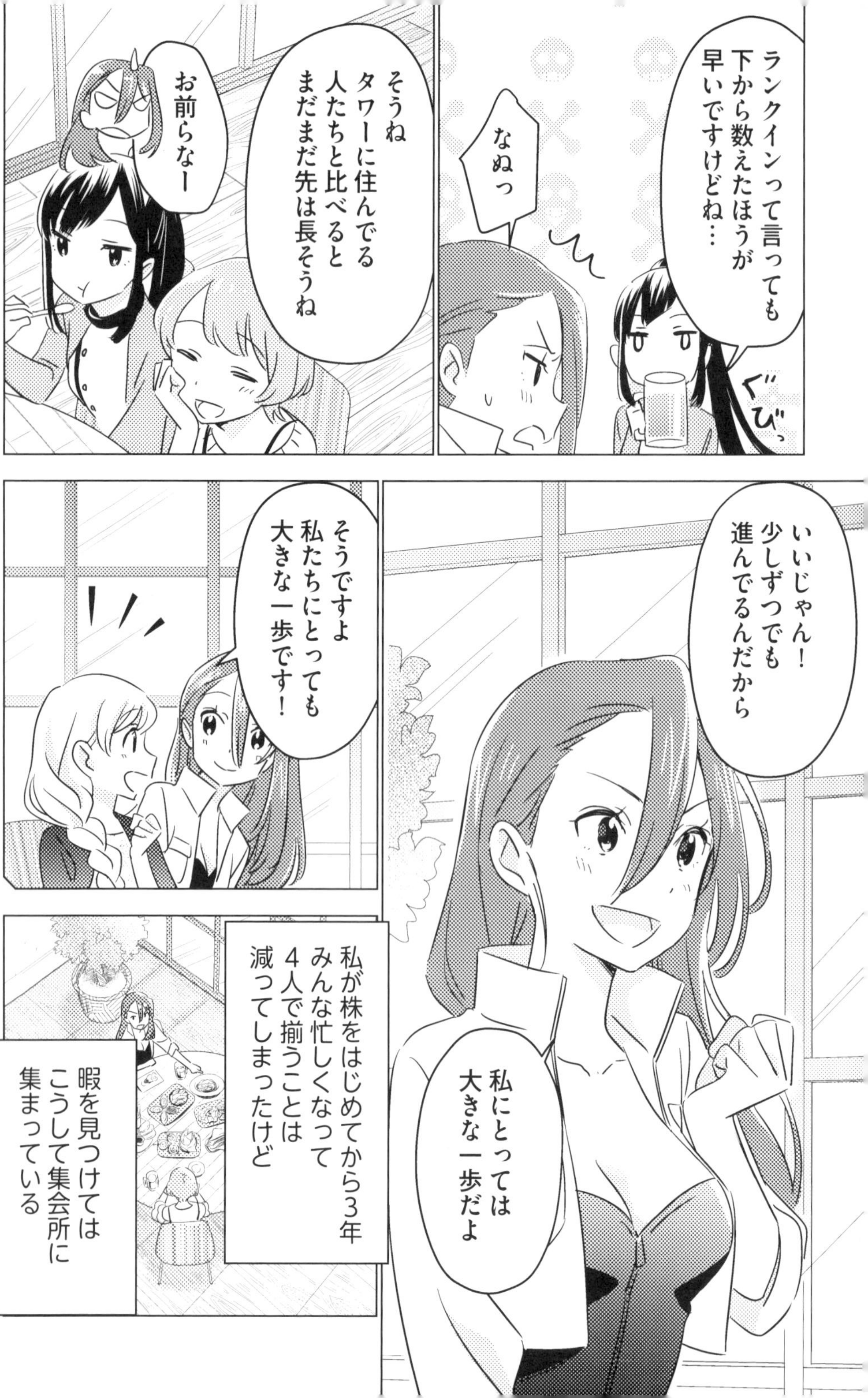
ランクインって言っても下から数えたほうが早いですけどね…
なぬっ
ぐびっ
そうね
タワーに住んでる人たちと比べるとまだまだ先は長そうね
お前らなー
いいじゃん！少しずつでも進んでるんだから
私にとっては大きな一歩だよ
そうですよ
私たちにとっても大きな一歩です！
私が株をはじめてから3年 みんな忙しくなって 4人で揃うことは減ってしまったけど
暇を見つけてはこうして集会所に集まっている

カトレアは最近 父親のお店の経営の 手伝いをして いるらしい
プラムはチャートの 分析アプリを開発して アイリスに 試してもらいながら 改良を続けている
あっ そう いえば…
皆さん! じつは私も1つ 報告したいことが
なになに!?
これって…

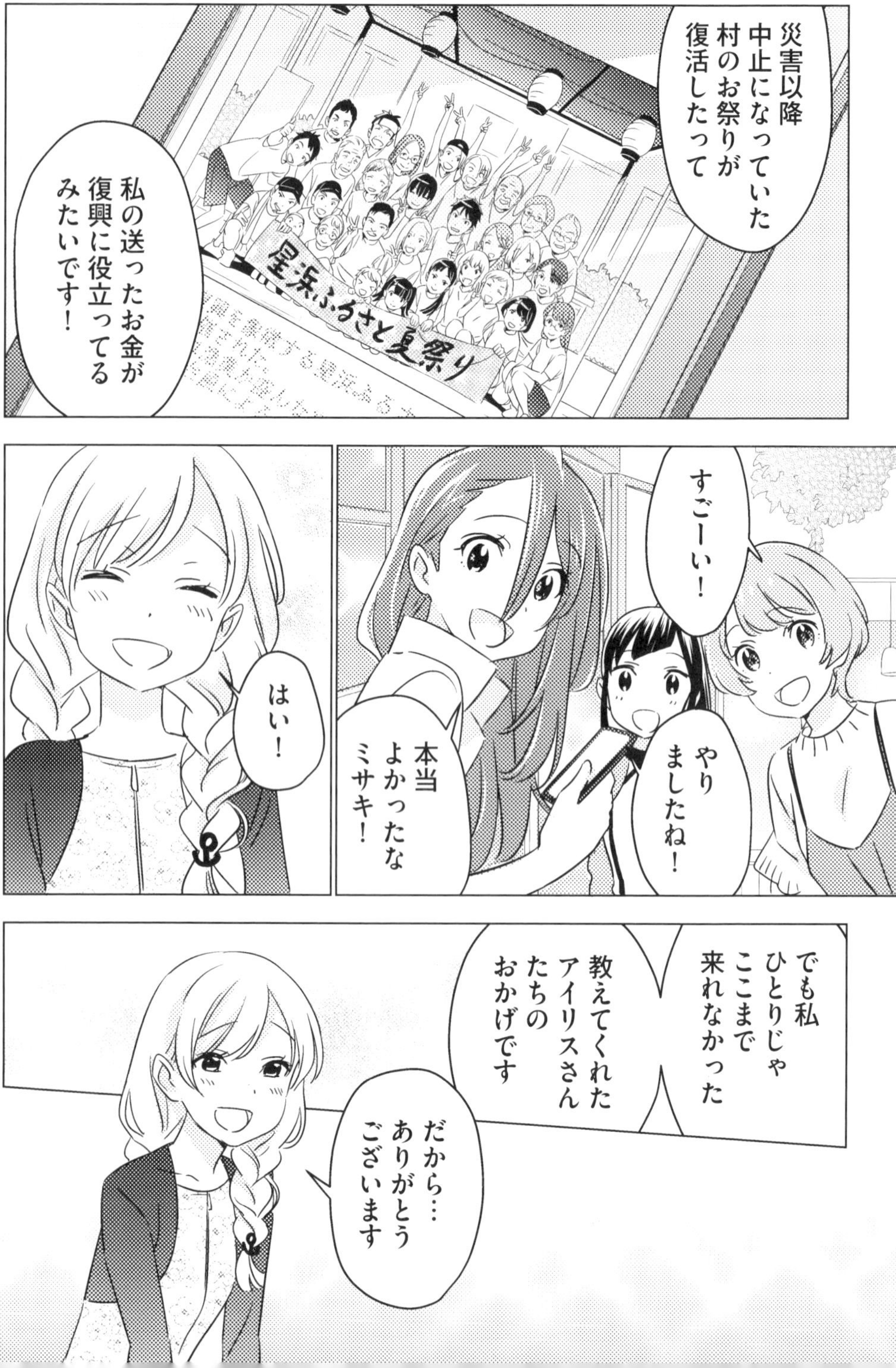
災害以降中止になっていた村のお祭りが復活したって
星浜ふるさと夏祭り
私の送ったお金が復興に役立ってるみたいです！
すごーい！
やりましたね！
本当よかったなミサキ！
はい！
でも私ひとりじゃここまで来れなかった
教えてくれたアイリスさんたちのおかげです
だから…ありがとうございます

ミサキはもう立派な投資家だよ
これからも一緒に頑張ろうな！
はい！
株って難しい怖いと思っていたけど
実際は地道な作業の積み重ねなんだ
これからも勉強を続けてもっともっと誰かの助けになれたらいいな

著者運営のホームページについて

やさしい株のはじめ方
https://kabukiso.com/

「株初心者の方にも株式投資をわかりやすく理解していただこう！」をコンセプトとした、初心者の方にもやさしいホームページです。
2005 年に開設してから、月間 60 万人以上、累計 3000 万人以上の方にご訪問いただいています。

楽しい株主優待＆配当
https://www.kabuyutai.com/

株主の楽しみの１つである、株主優待や配当にスポットをあてたホームページです。人気の株主優待情報はもちろん、1400 を超える株主優待の画像や利回りなどを解説しています。
ページをパラパラとめくっているだけでも、十分楽しめる内容になっています。

著者

竹内弘樹　たけうち ひろき

ライフパートナーズ株式会社代表取締役。株初心者アドバイザー。1978年生まれ、愛知県出身。独学で株式投資を学びながら、個人事業主として独立し、WEBサイト「やさしい株のはじめ方」を立ち上げる。株初心者でもわかりやすいと好評で、アクセス数は延べ930万人を超える。その後、ライフパートナーズ株式会社を設立、代表を務める。その他の運営サイトとして「楽しい株主優待&配当」「やさしいIPO株のはじめ方」などがある。
〈著書〉
『はじめての株1年生　新・儲かるしくみ損する理由がわかる本』『本当に儲かる株・成長する株を自分で見つけられるようになる本』（明日香出版社）など。

やさしい株のはじめ方　https://kabukiso.com/
楽しい株主優待&配当　https://www.kabuyutai.com/
ライフパートナーズ株式会社　https://www.lifepartners.co.jp/

●マンガ
へちま
アニメーター、マンガ家、イラストレーター。劇場アニメ『ペンギン・ハイウェイ』作画監督、マンガ『ぱぺっとコール！』（芳文社）、角川つばさ文庫『キミト宙へ』（KADOKAWA）挿絵などを担当。

サイドランチ
マンガやイラストを中心とした編集・制作を行う編集プロダクション。書籍のほか、広告、キャラクターデザイン、WEB制作、動画制作なども手掛ける。

ゼロから始める！
マンガ　株入門

著　者　竹内弘樹
マンガ　へちま／サイドランチ
発行者　高橋秀雄
編集者　原田幸雄
発行所　**株式会社 高橋書店**
〒112-0013　東京都文京区音羽1-26-1
電話　03-3943-4525

ISBN978-4-471-21083-0　©TAKEUCHI Hiroki　Printed in Japan

定価はカバーに表示してあります。

本書の内容についてのご質問は「書名、質問事項（ページ、内容）、お客様のご連絡先」を明記のうえ、郵送、FAX、ホームページお問い合わせフォームから小社へお送りください。
回答にはお時間をいただく場合がございます。また、電話によるお問い合わせ、本書の内容を超えたご質問にはお答えできませんので、ご了承ください。本書に関する正誤等の情報は、小社ホームページもご参照ください。

【内容についての問い合わせ先】
書　面　〒112-0013　東京都文京区音羽1-26-1　高橋書店編集部
F A X　03-3943-4047
メール　小社ホームページお問い合わせフォームから　（https://www.takahashishoten.co.jp/）

【不良品についての問い合わせ先】
ページの順序間違い・抜けなど物理的欠陥がございましたら、電話03-3943-4529へお問い合わせください。ただし、古書店等で購入・入手された商品の交換には一切応じられません。